明智光秀は天海上人だった！

「本能寺の変」後の驚愕の真実

大野富次

知道出版

はじめに

明智光秀《あけちみつひで》が信長への謀叛《むほん》に出たのは、必ずしも天下取りを目論《もくろ》んでのことではない。この時期の信長《のぶなが》は、未だ天下を掌握するまでには至っておらず、当面の敵であった武田《たけだ》氏が滅びたことで、信長は一気に天下取りの行動を加速したに過ぎない。

光秀が決起したのは天下統一を企《くわだ》てようとする野心でないのは明白である。溜《た》まり溜まったマグマのようなものが、突然「信長討ち」として結実したとみている。従って、「信長討ち」を決断したのは事変直前であるが、本書では、その疑問を解くことにした。

「本能寺の変《ほんのうじのへん》」以後、秀吉《ひでよし》によって敗退を余儀なくするが、光秀の当初の目的は結実したことになる。

光秀が「信長討ち」を決意した真意の一つに、武将や宗徒たちが、意にそぐわないとみれば躊躇《ためら》うことなく虐殺《ぎゃくさつ》することに鑑《かんが》み、この人物が天下を掌握すれば、暗黒の世を迎えると危惧《きぐ》したとみても不思議ではない。

文明が進んだ今日でも、世界には独裁国家が存在し、言論の自由が閉ざされた国々は多く存在しているが、戦国の世とはいえ、僅《わず》か数世紀前のことである。しかも、信長は実在の人物であることから、革命家とか英雄として讃美《さんび》するのは危険である。創作された映画や小説の世界ではないからである。

現在の日本において、信長のような人物が政権を執《と》ったとしたら、それこそ、恐ろしいことである。明治以降の近代史を紐解《ひもと》けば、日本は富国強兵策を掲《かか》げ、軍事優先の国家であったのも事実である。終戦を迎えるまで、軍事政権によって侵略戦争に明け暮れ、太平洋戦争末期には、軍部の中にも戦争を回避する動きがあり、ドイツでも、ユダヤ人を大量虐殺したアドルフ・ヒットラーの暗殺計画が、地下組織で着々と進められていたが、時空を越えた戦国の世に、光秀が暴君に終止符を打つため、行動に出たとしても不思議ではないのである。

そのように考察するならば、光秀は逆賊《ぎゃくぞく》者ではなく解放者と言うべきであろう。戦国武将のなかで、信長と対象的なのが徳川家康《とくがわいえやす》や上杉謙信《うえすぎけんしん》であるが、家康は敵の武将たちを処罰せず、味方に取り込むなど、敵であろうとも一人の人間として扱っている。

また、連戦連勝の上杉謙信は、強敵に塩を送るなどしているが、関東の諸将《しょしょう》たちの要請に応じ、厳冬の越後より侵略された城を解放するため、関東へ越山《えっさん》している。これらはすべて侵略のためではなく、義のためであると自ら述べている。

謙信は私欲のない武将であり、越後に落ち延びた武将らを春日山で庇護《ひご》しているが、光秀も事変後には、家康によって庇護されたとみてよい。光秀が家康を天下の盟主《めいしゅ》として期待したのは木俣守勝《きまたもりかつ》の動きからも確かであろう。

光秀が「信長討ち」を決意したのは、織田家の古参の武士ではないと言うことである。具体的には他家に仕えた武家であることを認識する必要がある。

フロイスは『日本史』において、「殿内《とうんち》にあって、彼はよそ者であり、外来《がいらい》の身であったので、ほとんどの者からよくは思われていなかった」と述べている。つまり、フロイスが言うように織田家の老臣ではなく、信長によって見出された重臣の一人であることから、新参者《しんざんもの》として除《の》け者になっていた懸念《けねん》もある。だからこそ、決断が早かったと思われる。

このことを考えずに「本能寺の変」の謎解きは進まない。なお、信長が安土《あづち》に家康を招いた時期と光秀が謀叛《むほん》の決意を固めた時期が合致していることから、本書では、家康が事変に関与しているのは揺ぎ無いものと考えている。この基本原理をもとに『光秀生存説』

の謎を解くことにした。

令和元年十月十九日

大野　富次

明智光秀は天海上人だった！　目次

第一章

「本能寺の変」を検証

一　信長が僅かな供廻りで上洛した疑問

信長は、安土より僅《わず》かな側衆《そばしゅう》を従えて上洛《じょうらく》し、本能寺にて公家《くげ》たちと茶会を催《もよお》しているが、これについて、磯田道史《いそだみちふみ》氏は「戦いの狭間《はざま》であり、充電中のため安心していたとし、もともと信長は自由に行動するのが好きであった」と理由付けして述べている。

この背景については後で詳述するが、大まかにいうならば、磯田氏のいうようなことではなく、安土に招いた家康を、再び本能寺に迎え入れるべき重大な計画があったことに注視しなくてはならない。従って、「充電中のために安心していた」というのは下克上《げこくじょう》の世では有り得ないことである。

織田信長肖像画
（三寶寺提供）

確かに、洛中《らくちゅう》には信長の重臣・明智光秀が、畿内管領《きないかんれい》として統轄《とうかつ》していたのは間違いなく、敵意を示す国衆《くにしゅう》は少ないこともあるが、本願寺《ほんがんじ》・延暦寺《えんりゃくじ》の痛めつけられた宗徒や、伊勢一向宗《いっこうしゅう》などに肩をもつ武将・国衆も畿内には多く居り、天下を治めようとする信長が、僅かな供廻《ともまわ》りを連れて本能寺で茶会を開くには危険がともなうわけである。

それを敢えて少人数で本能寺に宿泊した意図を注視しなくては「本能寺の変」の謎を解くことは不可能である。つまり、信長には天下を取るための計略があったと考えるのが自然であろう。その計画とは「家康暗殺」である。

二　事変当日の動き

謀叛を計画していた明智光秀は、五月二十九日、愛宕山《あたご》より亀山城に戻り、召集したのは、娘婿・明智秀満《ひでみつ》・明智次右衛門《じえもん》・藤田伝五《ふじたでんご》・斉藤利三《さいとうとしみつ》・溝尾庄兵衛《みぞおしょうべい》の五名である。

謀叛は最少の人数で謀議《ぼうぎ》しなくては危険をともなうことになり、重臣だけを集めて決意を表明している。

『川角太閤記《かわすみたいこうき》』

「御一人御胸に思し立ち候とも天知る、地知る、我知る、人知ると申すたとえ御座候に、ましてや五人の者に仰せ聞かせられ上は、思し召し留める事、全くご無用に候」

他四名の重臣もこれに同意。明智軍団は本能寺へと進軍することになる。

六月一日、麾下《きか》に属す一万三千の大軍を率いて午後六時ごろ亀山城を出陣。丹波街道老《お》ノ坂《のさか》を下ると沓掛《くつかけ》、右に折れれば備中《びっちゅう》路であるが、光秀の軍勢は迷うことなく京街道へと坂を下る。

桂川《かつらがわ》西岸より川を渡って七条通りに出た光秀は、「敵は本能寺に在る」と全軍に告げ、「信長公の御首級《みしるし》を頂戴仕る」と述べたという。

戦国期においては、下剋上は至極当然の事であり、明智軍団は迷うことなく主君・光秀の下知《げち》に従ったと思われる。

天正十年（１５８２）六月二日の早朝、京都本能寺に宿泊していた織田信長は、明智光秀の急襲《きゅうしゅう》に倒れる。享年四十九歳である。

『天正日記』

「二日早天より、信長の宿所本能寺へ、惟任日向守《これとうひゅうがのかみ》（明智光秀）取り懸《か》かり、信長を討ち果たしおわる。城介殿《じょうのすけ》（信忠《のぶただ》）は、二条の下御所へとりこもられ候を惟日（光秀）人数押し寄せ相戦い、城介殿をも討ち果たし云い」

信長は天下を目前にしながら、本能寺に於いて自害し、嫡男《ちゃくなん》・信忠は二条御所にて自刃《じじん》している。共に光秀の思いがけない謀叛により、あっけなく生涯を閉じることになる。

三　想定外の「中国大返し」

本能寺において、主君・信長が倒れたという悲報を秀吉が知ったのは、甫庵《ほあん》本によれば「三日子刻《みつかねのこく》」長谷川宗仁《はせがわそうにん》からの飛脚によって知らされたとしている。

一方、明智光秀は書状を毛利《もうり》方へ送ったが、厳重な警戒網を敷いていた秀吉方によって密使は捕らえられ、書状は秀吉の手に落ちたとしている。（『別本川角太閤記《べつほんかわすみたいへいき》』）

信長の訃報《ふほう》は織田方の者と光秀の密使による二つの経路によって確認されたことになる。何《いず》れにしても秀吉は、六月三日の夜には察知したことになり、急ぎ、毛利方の使僧・安国寺上人《あんこくじしょうにん》を招き、講和したい旨《むね》を申し入れている。

ところで、備中表《びっちゅうおもて》では、毛利軍が高松城主・清水宗治《しみずむねはる》らを救おうとしていたが、広い水面にへだてられ、羽柴《はしば》軍に包囲されていたのである。そのために救援の手段がなく、毛利家は、宗治に降参せよと命じ、一方では、黒田孝高《くろだよしたか》を通じて和議を申し入れたが、秀吉は承諾を拒否していた経緯がある。それが急転し、高松城主・清水宗治が切腹することで、和議が成立に至るのである。

四日には、毛利家の使僧・安国寺恵瓊《えけい》らによって和平の誓紙《せいし》が交換されることになると、直ちに秀吉の軍は反転している。

毛利方が、信長の急死を知ったのは、紀州雑賀衆《さいかしゅう》より異変の報を入手してからである。吉川元春《きっかわもとはる》は騙《だま》されたことから、直ちに追撃すべきと主張するが、小早川隆景《こばやかわたかかげ》は、質朴《しっぼく》でいったん結んだ和約を違えることは、父・元就《もとなり》以来の家風である起請文《きしょうもん》から誓紙《せいし》を破ることになり、不義であるとして、陣営を鎮静《ちんせい》させたという。

この逸話は、吉川広家《ひろいえ》が叔父・隆景から聞かされたといっており、疑う余地もないが、当時の毛利氏は、天下を執《と》ろうなどと目論む考えが無かったのも事実である。

秀吉はサルといわれるように行動が早く、羽柴軍本隊は六月七日夕刻には姫路へ帰着している。（『吉川文書』）

第二章

光秀による謀反の動機

一　信長への怨恨《えんこん》

光秀と稲葉一鉄《いなばいってつ》との確執か？

斉藤利三は美濃・稲葉氏の家臣であったが、光秀のもとに仕えることになるが、天正十年（1582）、さらに、稲葉氏の家臣・那波直治《なわなおはる》を光秀は家臣として招いている。これに対して、直治までも招いたとして怒り、信長に訴えている。

明智光秀肖像画
（本徳寺提供）

信長は光秀に対し、即刻、直治を稲葉氏のもとへ返還するよう命じ、返す刀で、利三の自害を命じている。（『本朝通鑑続編《ほんちょうつうがんぞくへん》』）

この時、信長は譴責《けんせき》して光秀の頭を二度・三度と叩いたという。側に居た家臣・猪子《いのこ》高就《たかなり》がとりなし、利三は助命となり、無事に光秀に仕えることになったという。

（『フロイス日本史』）

なお、那波直治は稲葉氏のもとに戻って

仕えたとされる。しかし、この仕打ちを光秀は怨み、謀叛の要因とされているが、それが事実としても、軍師である光秀が軽率な行動をとるとは思えない。（『堀秀政《ほりひでまさ》書状』『明智軍記』『稲葉家譜』）

信長による光秀の領地召し上げか？

光秀が「本能寺の変」を起こす直前、信長は光秀に対し近江《おうみ》・丹羽《たんば》を召し上げ、未征服の出雲《いずも》・石見《いわみ》について、攻め取った分だけ領地としてもよいと命じたとされる。

近江・丹波を召し上げが事実であれば、その時点で、信長は光秀追放を示唆したものと考えられる。また、「攻め取った分だけ領地としてもよい」と述べたとすれば、これは長宗我部元親《ちょうそかべもとちか》に発給《はっきゅう》した文書に類似しており、信長を信頼出来ない事象《じしょう》である。

「神戸信孝《かんべのぶたか》の指令書」（人見文書《ひとみもんじょ》）

丹州より馳走候国侍組々の兵粮料・馬の飼・弓矢・鉄砲・玉薬、これを下行すべし。
船は組合人数次第、中船・小船の行相断り、これを請取るべし。
海上の遅早は、著岸の相図を守るべく候。

陸陣中場の儀、下知に任すべく候なり。

天正十年五月十四日

信孝（花押《かおう》）

丹州国侍中《たんしゅうこくじちゅう》

この文書は四国討伐軍司令官であった神戸（織田）信孝が、丹波の国衆《くにしゅう》・土豪《どごう》に軍役を課した指令書である。これは何を意味するかといえば、すでに、光秀の領国である丹波一国は召し上げられていたことになる。

この時期、信孝は四国討伐軍の総大将として信長より朱印状《しゅいんじょう》を請《う》けており、光秀はすでに、長宗我部氏と信長との取次役を外されていることを考えれば、着々と光秀に対する追放の動きが見え隠れするのである。

一方で、信長は光秀に対して「家康討ち」を命じるなど、相矛盾《あいむじゅん》する動きをみせている。これが事実ならば謀叛の動機の一つとなっても不思議ではない。

家康の饗応役《きょうおうやく》であった光秀の更迭《こうてつ》か？

光秀は、信長より家康の饗応役を更迭されるが、その理由を古書は述べている。
○家康の饗応役に手抜かりがあり折檻《せっかん》を受ける。『川角太閤記』
○信長は光秀を饗応役から更迭し、秀吉の後方支援を命じる。（『太閤記』『本朝通鑑続編』）
○家康饗応の準備をしていた光秀が、信長の命令に口答えをしたとして仕打ちを受ける。（『フロイス・日本史』）

以上の文書は信憑性《しんぴょうせい》が薄く、もしそうであったとしても老齢《ろうれい》の光秀が感情に左右されて謀叛を起す理由としては軽率である。

信長の思惑に反した光秀の行動

天正十年（１５８２）五月十七日、信長は光秀を備中高松で毛利方と戦う秀吉の下に加えようと出陣を命じたとしているが、秀吉からの援軍の派遣要請はなかったと思われる。詳しくは後述するとして、信長は家康を本能寺に招き入れ、光秀に指示して謀殺《ぼうさつ》する計画をすすめており、派遣要請は家康を油断させるためのカモフラージュに過ぎないとみている。

当時、秀吉は信長の家臣団のなかで台頭《たいとう》し、中国攻めの総大将に就いていたのは事実である。その指揮下に光秀が属すとはいえ、地位が低下していくのを堪えられなくなったことから「信長討ち」を決意したとは思えない。

では何故、家康ではなく「信長討ち」に出たかといえば、自身の身分への不満ではなく、虐殺の数々を繰り返してきた傍若無人《ぼうじゃくぶじん》の信長が、天下を手中に収めようとする直前であることから、良識ある光秀は、国家的政治権力に対する異議を以て蜂起《ほうき》したと考えるのが正しい見方である。

旧暦六月一日の夕刻、中国攻めを名目で亀山城を発った光秀は、すでに意志を固めており、少ない手勢で本能寺に居る信長を討つには絶好の好機とみて軍を向けたと思われる。

傍証《ぼうしょう》となる光秀の美濃野呂城主《みののろじょうしゅ》・西尾光教《にしおみつのり》宛書状を示しておきたい。

西尾光教宛書状　（六月二日付）

「信長父子の悪虐は天下の妨げ、討ち果たし候。其の表の儀、御馳走候て大垣の城相済まさるべく候」

二　天下取りの野心なのか？

光秀の精神には、自らが天下人になろうというよりも、信長をこのままにしておいては世の為にならないとする大義のような、漠然とした策動《さくどう》が垣間見られるのである。従って、「本能寺の変」を決意したのは、事変の数日前、家康と接見《せっけん》しているが、そのあたりではないかと思われる。

家康という人物は、敵の将兵であろうとも、勝敗が決すると一人の人間として扱い、家臣として迎え入れている。そのため、武田氏の旧臣たちの多くが徳川家の家臣団に麾下している。このような恩情は、信長に期待するのは無理であろう。

特に象徴的なのは、三河の本願寺派一向一揆《いっこういっき》側についた家康の家臣が、主である家康に刃を向けているが、争いの終結後、敵対した家臣らを厳しく処罰せず寛大な処置で臨《のぞ》み、家中の結束を高めている。

心の深い恩情によって処罰されるのを免れた夏目吉信《なつめよしのぶ》は、後に、三方ケ原《みかたがはら》の戦いで、家康の身代わりとなり華々しく討死《うちじに》している。

また、敵方である武田の将兵たちが恭順《きょうじゅん》の意を示した際、織田方によって処刑されようとしたのを、徳川方の陣中に匿《かくま》っており、徳川軍の中心的軍団である井伊直政《いいなおまさ》の隊には、武田の旧臣が多く従属し、「赤備《あかぞな》え」であることは知られている。

明治は遠くなったといわれているが、僅《わず》か百五十二年足らずしか経っておらず、その間に、幾多の戦争を繰り返してきた日本であるが、敗戦によって平和国家となってわずか七十四年しか経過していない。

家康が天下を掌握した江戸幕府は、二百六十四年間にわたる泰平の世を築いたのである。戦乱の世に終止符を打ったのは家康だが、その原点となったのは、光秀による「本能寺の変」と言っても過言ではない。

封建的身分制度を批判した福沢諭吉《ふくざわゆきち》でさえも、家康について、明治二十三年十二月付『時事新報』誌上の社説では、「世界に類をみない代表的偉人である」と述べている。

光秀という人物は、相手の心理や人間の精神まで洞察する能力に長けており、残忍な戦国時代にあっても、福沢諭吉のように家康を敬拝《けいはい》していたことが窺《うかが》えるのである。

たとえ主君であろうが、真に対し自らを曲げない精神の強さがあったからこそ、先々の損得を顧みず「本能寺の変」を起こしたと推察している。

明智光秀の事跡《じせき》を辿《たど》ると見えてくるのは、戦国武将としてはめずらしく、野心や野望が見られない清楚《せいそ》な武人であることがわかる。従って、このまま「天下布武《てんかふぶ》」を掲《かか》げる信長に仕えていたならば、「応仁の乱」の再来となり、戦は絶えることなく続き、大量虐殺が繰り広げられ、臣僚《しんりょう》たちは御用済みとなれば虫けらのように放り出されることを光秀は危惧《きぐ》したのであろう。そのため、決意を固めたものと考えられる。

彼には天下人になろうとする野心はなく、秀吉によって敗れはしたが、信長を亡き者としたことで本望を遂《と》げたとみている。

三　名族としての意地か？

光秀の先祖は源氏の系統である事と、足利氏に仕えたことから朝廷にも太いパイプを持っていたのは事実であり、吉田神社の神官で神祇大副《じんぎたいふ》の要職にある吉田兼見《よしだかねみ》とは昵懇《じっこん》の間柄である。従って、信長の来歴とは大きく開きがあり、武門の意地が無いとはいえない。

光秀が武門の意地を発句《ほっく》に認めている。

ときは今　あめが下知る　五月哉

（『信長公記《しんちょうこうき》・明智光秀張行百韻《ちょうぎょうひゃくいん》』）

ここでいう「とき」とは、明智氏の本姓である「土岐氏《とき》」のことである。「あめが下知る」は「天が下知る」に掛けている。つまり、名族である土岐氏の一族として、天下を改めなくてはならない時期が到来したことになる。それは、自らのためだけではなく、信長の強引な手法を糾す意味であろう。

小和田哲男《おわだてつお》氏は、『戦国武将』（中央公論社・一九八二年発行）において、信長が平姓《たいらせい》でありながら将軍任官を求めたことで、源氏土岐氏の立場から許し難かったとしているが、学者特有の頑《かたくな》なこの考え方は、徳川家康の征夷大将軍任官に当たって説化された「源氏交換説」によるものであるが、仮説としては、何ら実証性の薄いこじつけである。

（注記）「源平交換説」は徳川家康が征夷大将軍任官にあたり、研究者の間で論争となったことがあるが、光秀も清和源氏頼光流《せいわげんじよしみつ》・土岐氏を出自としているが、征夷大将軍任官は源氏に限定されたものではなく、古い考えである。

光秀が武門の意地と思われるのは、出自の不明確な信長と違い、光秀は名門土岐氏を先祖としていたことにある。

四　長宗我部元親の取次役としての面目か？

信長が元親に与えた朱印状への不信か？

長宗我部元親に対する光秀の面目説は、謀叛理由として大いに考えられることである。同盟関係にあったにもかかわらず、突然、信長によって反故《ほご》にされたことは、信義を重んじる光秀の気質としては許されないことであろう。

土佐国《とさのくに》を収めた元親は、四国全土の統一に向かっていた天正三年（１５７５）、明智光秀の仲介で織田信長と親交を結ぶことになるが、信長は「四国を平定してもよい」とし、「四国を手柄次第に切り取るように」と元親に朱印状を発給している。

天正六年（１５７８）、元親の家臣・中島重房《なかじましげふさ》は斉藤利三に謝意の書簡を発給している。（『石谷家文書《いしがいけもんじょ》』）

信長と元親の接点は、光秀の取次によるものであるが、そのことを示すのが天正三年（1575）十月廿六日付、信長の発給文書がある。

織田信長書簡　（天正三年十月廿六日付）

惟任日向守に対する書状、披見せしめ候。
よって阿洲表に在陣もっともに候。
いよいよ忠節を抽んでらるべき事、肝要に候。
次に字の儀。信を遣わし候。すなわち信親然るべく候。
なお惟任申すべく候なり。謹言。
十月廿六日　　　　　　信長（花押）

長宗我部弥三郎殿

（『土佐国蠹簡集《とかんしゅう》』）

この書簡に見られるあて名は、元親の嫡男・弥三郎《やさぶろう》となっているが、取次役は光秀である。信長は、長宗我部氏が阿波《あわ》に進出するに際し、「阿州表に在陣もっともに候」といい了解しているのである。

（注記）弥三郎は信長より「信」の一字を与えられ、以後、「信親《のぶちか》」と称している。

信長の四国政策の転換への不信か？

信長より四国は切り取り次第との朱印状を受けており、了解のもとで天正九年（1581）、元親は三好《みよし》方の諸城を次々と攻略し、阿波・讃岐《さぬき》・伊予《いよ》へと勢力を拡大することになる。そこへ、信長より「伊予・讃岐は辞退し、阿波南部半国と本国土佐を領有とせよ」と命じたのである。

約束を反故にした信長に対し、長宗我部元親はこの要請に応じられないと返答している。

『**元親記**』

「四国の御儀は某が手柄を以て切り取り申す事に候。更に信長どのの御恩たるべき儀に在らず」

元親と親しい間柄である光秀は、天正十年（1582）一月、同情の意志を示しつつも、このままでは信長の怒りに触れるのは間違いなく、滅亡させられる恐れがあるとして、妥《だ》協策《きょうさく》を重臣の斎藤利三に託《たく》している。

利三は直ちに石谷光政《いしがいみつまさ》へ書簡を送り、信長の意向を知らせている。急信を告げられた元親は、譲歩する旨の書簡を斉藤利三に五月二十一日付で発給する。だが、すでに信長は四国の長宗我部元親討伐を決めており、五月七日付で三男・神戸信孝に、四国仕置きの朱印状を発給していた。

神戸信孝宛朱印状

今後四国に至って、差し下すに就いての条々

一、讃岐の儀、一円其方に申し付くべき事

二、阿波の儀、一円三好山城守に申し付くべき事

三、其外両国（伊予・土佐）の儀、信長淡州（淡路）に至って出馬の刻、申し出すべきの事

右の条、些かも相違なく相守り、国人等の忠否を相糺し、立て置くべきの輩は立て置

き、退却すべきの族は退却し、政道以下堅く申し付くべし。
万端山城守に対し、君臣・父母の思いをなし、馳走すべきの事、忠節たるべく候。
よくよく其意を成すべく候也。

この朱印状に見える「万端山城守に対し、君臣、父母の思いをなし、馳走すべきの事」とは、何を意味するかといえば、『宇野主水日記《うのもんどにっき》』に、次のように記してある。

『宇野主水日記』
「三七郎《さんしちろう》殿（信孝）阿州（阿波）三好山城守養子として御渡海《とかい》あり」

信長は、長宗我部氏を滅亡させた後、四国の支配権を握り、信孝に伊勢国の小大名神戸氏の名跡《みょうせき》を捨てさせ、四国の名族・三好氏の養子として継がせようとする思惑が窺える。

（注記）三好氏は室町期に阿波細川氏の守護代であったが、足利幕府の弱体とともに勢力を拡大し、四国東部から畿内一円《きないいちえん》に大勢力を保持していた。

光秀は斉藤利三の覚悟に応じたか？

斉藤利三の父親は斉藤伊豆守利忠《いずのかみとしただ》、通称・右衛門尉《うえもんのじょう》、諱《いみな》は利賢《としたか》といい、母は足利《あしかが》幕府政所代・蜷川大和守親順《になががわやまとのかみちかまさ》の娘であるとされていた。（『春日局関係系図《かすがのつぼね》』）（『蜷川家文書《になががわけもんじょ》』）

しかし、『明智光秀略系図』や『光秀・斉藤利三・元親関係図』によれば、光秀の妹と利賢の間に生まれたのが利三とされている。そうであれば、斉藤家と長宗我部家は明智家と姻戚関係にあり、利三の覚悟に光秀が応じたとする仮説は否定できなくなろう。謀叛の動機となったのは間違いないが、それでは謀叛に至る経緯を述べてみたい。

元親は妥協案に翻意《ほんい》し、信長の方針を受け入れる事になるが、阿波南部の二城については、保持したい旨を伝えていた。

利三の実兄・頼辰《よりとき》は、足利幕府奉公衆《ほうこうしゅう》（御小袖御番衆《おこそでごばんしゅう》）であったが、将軍・義輝《よしてる》が松永《まつなが》久秀《ひさひで》・三好三人衆に攻められ討死した際、頼辰は四国に逃れ、蜷川家の取次で長宗我部氏の家臣・石谷光政の養子に迎えられることになる。（『石谷家文書』）

光政の娘は長宗我部元親の妻であることや、元親の子・信親は頼辰の娘を妻としており、斎藤家・石谷家・長宗我部家の三者は親族関係にある。そのため、光秀から全権を託された斉藤利三は、切羽詰まった状況を打破すべく動いた結果、元親は妥協案を示すことになる。しかし、信長は妥協案を拒否するにとどまらず四国平定のため、長宗我部氏征討を命じたのである。

光秀は、六月二日に「信長打ち」を決行した背景には、織田信孝を総大将とする四国討伐軍が岸和田・境に集結しており、利三は光秀と謀《はか》り、安土での家康との密談のうえ六月三日、四国開戦（渡海）の前日を狙い、「信長討ち」の決意を固めたものと思われる。

（注記）『晴豊公記《はれとよこうき》』には、「利三など信長打談合衆也」という一文から、家康との密談に利三も同席していたことが窺える。なお、多くの系譜類によれば、明智光秀の妹が斉藤伊豆守利賢の内室とされ利三の生母となれば、利三は光秀の甥ということになる。（『春日局関係系図』）

元親の妥協案を蹴った信長への怒りか？

四国における信長の専制《せんせい》が強化されており、元親の妥協案を許すことなく阿波からの完全撤退を命じている。

同時に、三男・信孝を総大将とする四国征討軍の編成を決めるなど、信長としては、長宗我部氏の巨大化する勢力を許しては、後の妨げになると考えたものとみられる。

同盟関係を反故にするのは、ある意味で戦国武将の宿命といってもよい。しかし、これによって長宗我部氏側は、親族・斎藤利三を交えて踏み込んだ談議がなされたものと推察する。

光秀と利三は「無二の主従関係」といわれるように、動機の一つであるのは間違いない。

(『元親記』)

利三が「本能寺の変」を主導したのは間違いないが、明智家中で長宗我部氏と深い関係にあったのは明らかである。おそらく、斎藤・石谷・蜷川の三家が結束し、光秀の決断を促したものと考えられる。

(注記)『豊鑑《とよかがみ》』には「斉藤内蔵助《くらのすけ》は明知が二なき者なり」とある。利三は通称「内蔵助」という。

光秀の決断により、斉藤利三が総大将として本能寺攻めを主導したことは、山科言経《やましなときつね》の日記、六月十七日の条に「日向守内斉藤蔵助、今度謀叛随一也」と記されていることから間違いない。

同じく公家・勧修寺晴豊《かじゅうじはるとよ》の『晴豊』には、「早天に斉藤内蔵助と申す者、明智の者也、武者なる者也。被など信長打ち談合衆也」と記している。

この記載中に「信長打ち談合衆也」とあるが、これは、安土において家康と光秀が「信長打ち」について密談しているが、利三も同席していたことを示したものであろう。

信長より四国担当を外された光秀の怨念か？

光秀は、長宗我部元親と信長との取次役を仰せつかっていたが、信長の一存で五月七日、織田信孝に仕置きの朱印状を与え、長宗我部氏征討を決めたことから、光秀の任務は外されたことになる。

信長の行動に対して脅威《きょうい》を感じはじめたのは確かである。信長という人間は、一度なりとも煙ったく感じると執念深く尾を引き、その人物を排除する方向に向かうからである。

粛清《しゅくせい》は織田軍の再編成の一環と思われるが、過去の戦功に拘《かかわ》らず、非情なまでに若返りを狙い、例えば、老臣・佐久間信盛《さくまのぶもり》は長篠・設楽ケ原の戦いで、武田の軍勢を打ち破り、戦功を上げた功労者であるが、天正八年（１５８０）八月十日、信長は石山本願寺視察後、働きの鈍さを理由に信盛父子を追放処分にしている。

同年八月十七日、織田家老臣の粛清を断行し、筆頭家老・林秀貞《はやしひでさだ》と美濃三人衆の一人・安藤守就《あんどうもりなり》、子息の尚就《ひさなり》が追放となる。

すでに、光秀は組下の細川忠興《ほそかわただおき》が秀吉の後陣に据えられるなど、長宗我部氏の対応の責任を取らされる恐れを抱いていた。信長にとって光秀は無用の者となりつつあったことになろう。従って、本能寺における「信長討ち」は、危機感を敏感に察知した光秀が、追放される前に先手をとったとも考えられる。

長宗我部家を救うためか？

信長が三男・信孝に与えた五月七日付四国仕置の朱印状には、信孝に讃岐《さぬき》を与え、三好康長《やすなが》に阿波《あわ》を授ける旨が記されており、土佐《とさ》・伊予《いよ》については、信長が淡路島に着き次第沙汰をすると認めている。

大阪に集結した長宗我部討伐軍は、天正十年（1582）六月三日、四国渡海に出陣する予定であったが、光秀はそれを許さず、前日の朝、本能寺を襲撃して信長討ちを決断したことになろう。

事変によって四国攻めは中止となり、長宗我部討伐軍は消滅することになる。従って、長宗我部氏の滅亡は危機一髪で免れ、天正十三年（1585）には、四国全土を手中に収める事となる。

五　他者が記録した信長の残忍さ

信長を近くで見つめた宣教師ルイス・フロイス

仏教界の在り方に激怒していた信長は、ポルトガルの宣教師フロイスを招き、畿内での布教活動を許可している。信長を身近で見ていたフロイスは、次のように書いている。

フロイスの『日本史』（意訳）

「彼は中くらいの背丈で、華奢《きゃしゃ》な身体で髪は少なく声は快調で、極度に戦を好み、軍事的修練にいそしみ、名誉心に富み、正義については厳格であった。彼は自らに加えられた侮辱に対しては懲罰せずにはおかなかった。（中略）……彼の睡眠時間は短く早朝に起床した。非常に性急であり気性が激しいが、平素ではそうでもなかった。彼はほとんど家臣の忠言に従うことはない。酒を飲まず、食を節し、人の取り扱いには極めて率直で自らの見解に尊大であった。（中略）……彼は善き理性と明晰な判断力を有し、神および仏のいっさいの礼拝、尊崇《そんすう》、ならびにあらゆる異教的占卜《せんぼく》や迷信的慣習の軽蔑者であった（後略）」

この文書から見えてくる信長像は、正義には厳格、判断力を有すというが、部下の忠言に耳を傾けることはなく、独りよがりの判断で懲罰を決め、神仏を嫌う人物であることがわかる。

信長の残忍さを新井白石《あらいはくせき》は論じる

現代では、革命家・織田信長として英雄視してとらえ、かっこよい歴史人物のように映画やテレビは演出しているが、もし、このような人物が今の世の中に存在したならば、それこそ、恐ろしい社会となるであろう。

家康によって治安の安定した平和国家が築かれたが、新井白石は『読史余論《どくしよろん》』の中で、信長について辛辣《しんらつ》に論じている。

『読史余論』

「すべてこの人（信長）、天性残忍にして、詐力をもって志を得られき。されば、その終わりを善くせられざりしこと、自ら取れる所なり。不幸にはあらず。（後略）」

「本能寺の変」で信長は亡くなるが、新井白石はこの非業の死は「自業自得」であると明言している。その理由として、信長の実弟・信勝《のぶかつ》を殺したこと、子息を使って北畠《きたばたけ》氏や妹婿の浅井長政《あさいながまさ》を滅ぼしたこと、あるいは娘婿の松平信康《まつだいらのぶやす》（家康の嫡男）を自刃に追いやるなど、「父子兄弟の倫理、すでに絶えし人なり、かく凶悪の人」と酷評している。

また、信長は、「君臣《くんしん》の義」を知らなかったところに、光秀の謀叛が起きていると明言しているのである。

儒学者・太田錦城《おおたきんじょう》の信長評

錦城は信長の残忍さと恐ろしさを述べている。恵林寺の焼き討ち、朝倉義景《よしかげ》・浅井長政・同久政《ひさまさ》の髑髏《どくろ》を薄濃《はくだみ》としたことである。

（注記）「髑髏を薄濃」とは、朝倉義景・浅井長政・同久政の三人の首を酒の肴として酒宴に出したといわれる。

信長が江戸時代を通し、武士や庶民の間から不人気であったのは、人間として義・仁・礼に欠けた非情な男であると知れ渡っていたからである。

太田牛一《おおたぎゅういち》の信長評

牛一は『信長公記』を基にして、信長の伝記『信長記《しんちょうき》』を著しているが、最終巻に信長の批評を載せている。

『信長公早世之評』
「孝行の道厚からず、ことに無礼におわせしによって、果たして冥加なく早く過させ給なるべし。敵国の兵といえば、皆討ち亡さでは叶わざるようにおわしまし。信長公御身金石をも欺くほどに、信を堅く守り給いしによって、人の非をもっての外に悪みいましめ給えり。（後略）」
父・信秀の葬儀での信長（信長公記・意訳）
「父親の葬儀に参列した信長は、袴《はかま》もはかず、長柄《ながえ》の太刀《たち》、脇差《わきざし》を三五縄《しめなわ》でしめて、髪は茶筅《ちゃせん》に巻き立てたいつもの姿で仏前に参り、抹香《まっこう》をくわっと掴み、仏前に投げつけ帰ってしまった」

根本的に神仏や形式を拒む信長の性格が見える文書であるが、現代では通用しない振舞いであり、光秀は、信長のような人物を天下人として相応《ふさわ》しいとは思わなかったと考える。

六　光秀は娘婿と嫡子《ちゃくし》のために謀叛を起こしたのか？

明智光秀の組下である長岡《ながおか》（細川）藤孝《ふじたか》の嫡男・忠興は、光秀の娘・玉（ガラシャ夫人）を妻としており、藤孝に協力を仰ぐため、光秀は忠興と光慶《みつよし》のために謀叛を起こした旨を書簡に認めている。これについては、藤孝父子に協力要請するための方便に過ぎないと思われる。

七　信長の冷酷さにストップをかけようとしたか？

信長の手法はモンゴル軍団か？

モンゴル帝国の初代皇帝・チンギス・ハンは、抵抗する相手は見せしめに全員殺すとされているが、信長も、寝返ったりする国衆や一向一揆の宗徒を皆殺しにしている。信長という人物は、他人の忠言を聴くことはなく、気に入らなくなれば、たとえ側近であろうとお構いなく、無慈悲な行動に出る恐ろしさがある。

事変の直前における光秀と信長のやり取りを検証するならば、謀叛に出たとしても不思議ではない。そこで、信長の惨《むご》たらしい行動や戦歴を個別に列記しておきたい。

◇比叡山焼き討ち

元亀二年（1571）九月十二日、比叡山延暦寺の僧兵たちは、信長の敵である浅井・朝倉に味方したことから、織田勢によって総攻撃を受け、全山の中核である根本中堂《こんぽんちゅうどう》・大講堂《だいこうどう》・阿弥陀堂《あみだどう》・戒壇院《かいだんいん》などの堂塔伽藍《どうとうがらん》が火柱を上げ、伝教大師最澄《でんぎょうだいしさいちょう》の貴重な経典や文書類が焼却されている。

九月十四日までの四日間、叡山の寺院は焼き払われ、僧兵から小僧にいたるすべてが首を刎《は》ねられている。

光秀はこの有様に強く反対したと『天台座主記《てんざいざしゅき》』には記録されており、坂本城主時代には天台仏教勢と親密であったとされる。

◇一乗谷《いちじょうだに》の落城

天正元年（1573）八月十八日、信長の最大の敵の一人とされる越前一乗谷城（現・福井県大野市）の朝倉義景は、信長によって攻略され自害している。

信長は、山中に逃亡した者たちを一日に二・三百人規模で探し出し、すべて処刑したという。

信長の家臣・太田牛一は「目もあてられざる様態なり」と記録している。

◇浅井・朝倉の首を薄濃にして酒宴

天正二年（1574）一月一日、信長は敵将・朝倉左京太夫義景《さきょうだゆうよしかげ》・浅井備前守長政《びぜんのかみながまさ》・浅井下野守久政《しもつけのかみひさまさ》の三名の首を薄濃にして折敷《おしき》の上に置き、酒の肴《さかな》として酒宴《しゅえん》の席に出されたという。また、酒を注いで家臣に飲ませたとされる。（『信長公記』）

朝倉義景は、光秀が越前に逃避した際、客人として迎えた恩人である。その義景の首を惨《むご》くも酒の肴としたとしたならば、これほど恐ろしいことはなく、光秀が「信長討ち」を決意する一因であったとしても誤りではない。

◇高野山槇尾寺《まきおじ》焼払い

天正九年（1581）五月十日、槇尾寺（現・大阪府和泉市）は寺領の調書の提出を拒否したため、信長は寺の堂塔伽藍《どうとうがらん》、寺庵僧坊《じあんそうぼう》を焼き払ったという。

◇高野聖《こうやひじり》の弾圧

天正九年（1581）八月十七日、高野山金剛峯寺《こんごうぶじ》は荒木村重《あらきむらしげ》の残党を匿《かくま》ったとして、信長は差し出すよう命じたが拒否したため、諸国に勧進《かんじん》のため派遣された高野聖を捕捉《ほそく》し、千三百八十三人を処刑している。

◇長島一向一揆

天正二年（1574）九月二十九日、信長は伊勢長島（現・三重県桑名市長島町）の一向一揆に於いて、屋長島《おくながしま》城・中江《なかえ》城に火を付け、立て籠《こも》った男女二万人を焼殺《しょうさつ》している。

◇越前一向一揆

越前に入った信長は真宗門徒《しんしゅうもんと》への殺戮《さつりく》と、天正元年（1573）八月、五代百年にわたってこの地で栄華を極めた最後の当主・朝倉義景を滅ぼし、首を越前府中龍門寺前《えちぜんふちゅうりゅうもんじ》に晒している。

天正二年（1574）正月十八日、富田長秀《とみたながひで》らの国衆一万余の一向一揆が叛乱《はんらん》し、勢力は拡大していたが、信長の軍勢によって逃げ回る一揆勢は切り捨てられ、『信長公記』には、一万二千二百五十人が捕らえられ殺害されたという。

八月二十二日の京都所司代村井貞勝《むらいさだかつ》宛て『信長書状』には、越前門徒根絶のすさまじい殺戮の状況が述べられている。

『織田信長書状』

「木の芽、鉢伏追い破り、西光寺、下間和泉法橋、若林そのほか豊原西方院、朝倉三郎（景健）以下首を刎ね候のち、人数を四手に分け、山々谷々残るところなく捜し出し、くびをきり候。十七日到来分二千余、生け捕り七・八十人これあり。即ちくびをきり候。同十八日、五百・六百ずつ方々より持ち来り候。いっこう数を知らず候。十九日、原田備中守、滝川左近（一益）、茶筅（信雄）、三七郎（信孝）、上野介にあいそえつかわし候。その手より六百余。

氏家、武藤手にて一乗の然るべき者三百余。柴田修理亮（勝家）、惟住五郎左衛門尉、丹羽長秀、朝倉与三要害を構えたてこもり候を攻め崩し、左右の者六百余を討ち取り、生け捕り百余人。

即ちくびをきり候。廿日、ひながたけと申す山へ玖右衛門尉、前田又左衛門尉、そのほか馬廻りの者どもつかわし、千余人斬りすて、生け捕り百余人。これも首を刎ね候」

このとき、信長が戦場で殺戮した者や捕捉した後に処刑した延べ数は、三、四万ともいわれており、今日では信長といえば英雄とか改革者として称えられているが、当時は、独裁者であり、国衆からは恐れられた暗黒時代を生んだ張本人である。

◇松永弾正《まつながだんじょう》謀叛

天正五年（1577）八月十七日、松永弾正久秀《ひさひで》は、三好長慶《ながよし》に仕える武将だが、信長が上洛《じょうらく》すると弾正は従属《じゅうぞく》する。しかし、大坂の石山本願寺攻めの最中に、勝手に砦《とりで》を引き払い、大和の信貴山《しきさん》の城に帰り立て籠ってしまったことから、怒った信長は謀叛とみなし、松永弾正が差し出した人質の息子二人を、六条河原に引き出して処刑したのである。『信長公記』はその状況を次のように記している。

『**信長公記**』（**意訳**）

「二人は顔色も変えず、おとなしく西に向かって小さな手を合わせ、声高に念佛を唱えながら処刑されました。見ている人は、その様子に感動し、涙をこらえることができませんでした。その哀れな有様には目も当てられない」

謀叛を起こした松永弾正は信貴山城にて十月十日に戦死する。一説によれば、自害したと伝わっている。

◇荒木村重謀叛

天正七年（１５７９）十二月十三日、荒木村重は三好家に仕えていたが、その後、信長に出仕《しゅっし》することになり、摂津《せっつ》を支配することになる。しかし、天正七年に謀叛を起こし、有岡城（現・兵庫県伊丹市）に立て籠る。

明智光秀や黒田孝高の説得を受けるが、拒否して籠城《ろうじょう》を決め込む。信長は容赦せず、荒木村重方の人質百二十二人を尼崎にて処刑する。その他、お付きの家来など五百十余人を家に閉じ込め焼き殺すという無残な行動に出ている。

八　朝倉氏への恩に報いるためか？

光秀は『豊鑑』によれば、美濃源氏土岐氏《みのげんじときし》一族であったが、斉藤義龍《よしたつ》によって明智城を攻められ、一族は離散し、光秀は流浪して辿り着いたのが越前坂井郡長崎村の時宗道場《じしゅうどうじょう》称念寺《しょうねんじ》とされる。

光秀は学識に優れ、鉄砲は名人級の腕前から、器量を認めた称念寺住持・園阿《えんあ》上人が、朝倉義景に推挙する。

一条谷を本拠とする義景は、戦国大名・朝倉家十一代当主であるが、落ちぶれた光秀を手厚く迎え入れ、五百貫の土地を与えている。

義景は足利幕府の被官であることから、将軍義輝より「義」の一字を授かり、延影《のぶかげ》を義景に改めている。

光秀は将軍足利義昭《よしあき》の代になり、細川藤孝の仲介によって将軍家に仕えることになるが、その後、織田家に仕えることになる。

光秀が戦国武将として世に出たのは、朝倉義景の庇護によると言ってよい。その恩人である朝倉勢は、信長によって滅ぼされ、義景の首は「薄濃」として酒宴の酒の肴として出されたというのである。従って、光秀が「信長討ち」の動機となった一因であるのは少なからず確かであろう。

九　佐久間信盛追放事件の影響か？

佐久間信盛は織田信秀《のぶひで》・信長に三十年ほど仕えた老臣であり、筆頭家老として織田家を支えて来たが、天正八年（１５８０）八月十二日、信長より突然の折檻状が届く。

交戦が続いていた石山本願寺の新門《しんもん》教如《きょうにょ》が、信長との和議を結び、寺の建物は焼け落ちたが本願寺の明渡しが終わった信長は、大坂天満の陣所《じんしょ》にて筆をとり、信盛・正勝《まさかつ》父子への折檻状を認めている。内容は十九ケ条に分かれており、簡略して列記して置きたい。

『佐久間信盛折檻状』（天正八年八月十二日）

一　信盛・信栄《のぶよし》親子は天王寺城に五年間在城しながら何の功績もあげておらない。

二　石山本願寺を大敵と考え、戦もせず調略もせず、ただ城の守りを固めておればよいのか、一方的思慮で固執してきたことは許されない。

三　池田恒興《いけだつねおき》ら少禄の身でありながら天下に名誉を施した。信盛も一連の働きをすべきであろう。

四　柴田勝家《しばたかついえ》もこの春、加賀へ進攻し平定した。

五　信盛の与力・保田知宗《やすだときむね》の書状には「本願寺に籠る一揆衆を倒せば他の小城の一揆衆もおおかた退散する」とあるが、信盛親子も連判しているが、一度も報告しないのはどうしたことか」

六　信盛は家中において特別な待遇を受けておる。戦おうとしないのはどうしたことか。

七　水野信元《みずののぶもと》死後、刈谷《かりや》を与えたにも関わらず、水野の旧臣の知行を直轄として収益を得ているとしたら許されない。

八　山崎の地を与えたが、信長が声をかけておいた者を追放したのは何たることか。

九　家臣を召し抱えなかったのは、天下の面目を失したことになる。
十　口ほどもなく、天王寺に在陣し続けて卑怯である。
十一　信栄の罪状を書き並べるならばきりがない。
十二　親子共々武者の道を心得ていない。
十三　与力ばかり使い、領地を無駄にしている。
十四　信盛の与力や家臣たちが信栄に遠慮している。
十五　三十年間仕えたが、比類なしといわれる活躍はしていない。
十六　先年の三方ケ原の戦いで、援軍を遣わした際、勝ち負けの習いはあるにしても、遅れを取り、身内・兄妹やしかるべき譜代衆《ふだいしゅう》が討死しておれば、信盛が運よく戦死を免れても、人々は不審に思わない。だが、もう一人の援軍の将・平手汎《ひらてひろ》秀《ひで》を見殺しにして、自分や身内は、一人も死者をだしていないで平然としており、その思慮《しりょ》なきこと紛《まぎ》れもない。
十七　こうなれば敵をたいらげ、どこかで討死するしかない。
十八　親子共々頭を丸めて赦しを乞うのが当然。
十九　右のように、数年の間ひとかどの武勲もなく、子細はこの度の保田《ほた》の件、そもそも天下を支配している信長に対して、たてつく者どもは信盛から始まったのだから、その償いに最後の二ケ国を実行してみせよ。承知しなければ二度と天下が許すことはないであろう。

信長によって追放された佐久間信盛は、嫡男・信栄と共に高野山に逃避するが、許されず、佐久間家の郎党にも見捨てられ、熊野にて亡くなっている。

光秀が謀叛を起こす動機は、佐久間氏など老臣たちを次々と追放する信長に対し、明日は我が身と考えても不思議ではなく、先手を打ったと考える。（『明智軍記』）

十　平和国家を願う家康への先鞭《せんべん》として

家康との密談とは？

家康の馬印には、「厭離穢土《おんりえど》　欣求浄土《ごんぐじょうど》」とあるが、これは、三河岡崎の大樹寺《だいじゅじ》住持の教えである。戦国の世を穢土《えど》とし、平和な世を浄土とした浄土教に帰依する家康の理念であるが、その家康を信長は暗殺すべき計画を光秀に伝えている。

五月十四日、安土に着いたばかりの家康と密談を交わした光秀は、信長から命じられた暗殺計画を知らせるとともに、本能寺での「信長討ち」への支援を取り付けることになる。

平和を願い、殺戮を嫌う家康としては、自らへの脅威を取り除くためにも決着をつける時期と考えるのは当然であり、光秀の黒幕として全面的に支持することになる。

なお、勧修寺晴豊は『晴豊公記』の中で、光秀の家老・斉藤利三が信長を討つ密談に同席したと記している。

第二章

光秀に勝算はあったのか

一 光秀の軍事力

光秀の「信長討ち」は、家康との密談で決意を固めたとみるべきである。丹波一国と近江志賀郡を領国とする光秀は、若狭《わかさ》の前守護《ぜんしゅご》で小浜城主・武田元明《たけだもとあき》や近江半国の前守護・京極高吉《きょうごくたかよし》の子で、上平寺《じょうへいじ》城主・京極高次《きょうごくたかつぐ》、近江山本山城主・阿閉貞征《あつじさだゆき》、近江山崎城主・山《やま》崎片家《ざきかたいえ》、近江堅田の猪飼昇貞《いかいのぶさだ》、近江土豪衆の後藤高治《ごとうたかはる》、多賀常則《たがつねのり》、久徳左近《きゅうとくさこん》らが誘いに応じている。さらには、京都を挟む北山城と南山城の武士団を配下に置き、近畿一円に留まらず、織田家の家臣で美濃国野呂城主・西尾光教に宛てた六月二日付の『軍勢催促状』については、重ねて強調しておきたい。

西尾光教宛軍勢催促状

「信長父子の悪虐は天下の妨げ、討ち果たし候、其の義の儀、御馳走候て大垣の城相済まさるべく候」

光秀に与《くみ》した山城槇嶋《やましろまきしま》城主・井戸良弘《いどよしひろ》は、織田方の武将・神戸信孝、丹羽長秀《たんばながひで》の誘いを断っている。光秀の側近には、明智秀満・同次右衛門・斉藤利三や荒木村重・織田信澄《のぶずみ》・山崎長徳《やまざきながのり》・林亀之助《はやしかめのすけ》・三沢秀次《みさわひでつぐ》・藤田伝五などが居り、丹後の長岡（細川）藤孝と大和の筒井重慶《つついじゅうけい》は明智軍の麾下に属していた。

近江・丹波・山城・大和・丹後の五ケ国が軍事動員されたならば、優に五万の大軍を有すことになり、勝算はあったとみてよい。

本懐《ほんかい》である本能寺への奇襲《きしゅう》は成功し、信長・信忠父子を討ち果たした光秀は、直ちに織田勢の残党を掃討《そうとう》している。しかも、戦国期には敵の敵は味方であり、織田軍団と対立する越後の上杉景勝《うえすぎかげかつ》に、事変の十日前に密使を遣わし、事変後には秀吉と対峙する毛利方の小早川隆景や小田原の北条《ほうじょう》氏にも密使を送り、信長父子の討滅《とうめつ》を知らせるなど盤石《ばんじゃく》な体制を整えていた。

京都西南の山崎に近い勝龍寺《しょうりゅうじ》城には重臣・溝尾庄兵衛を入城させ、大坂に集結する四国遠征軍の上洛に備えている。

二　藤孝父子と光秀の関係

盟友関係にあった光秀と藤孝の経緯

明智軍の麾下に属していた長岡（細川）藤孝の嫡男・忠興は、光秀とは義父と婿の関係にあった。光秀の娘・玉（ガラシャ）は、忠興の妻となっていたのである。そのため、光秀は間違いなく軍勢催促に応じるものと考えていた節がある。

しかし、藤孝は援軍要請を拒否し、姻戚関係にあることから剃髪《ていはつ》して非礼を表し、幽斎《ゆうさい》玄旨《げんし》と称すと、二十歳になった嫡男・忠興に家督を譲っている。忠興は光秀に与《くみ》せず髻《もとどり》を切り落とし、織田方につくことになる。ただし、信長の上洛要請を無視し、丹後に留まったといわれ、憶測を呼ぶことになる。（『多聞院日記《たもんいんにっき》』）

なお、忠興の妻・玉（ガラシャ夫人）を丹波三戸野《みつとの》の山中に幽閉しているが、忠興によって庇護するためである。（『綿考輯録《めんこうしゅうろく》』）

この一連の行動からも、藤孝にとっては迷ったうえでの決断であったと思われる。ただし、名族・細川家を後世に存続させるための苦肉の策であったのも間違いではない。

藤孝は信長に臣従《しんじゅう》する前に、足利将軍・義輝に仕えていたが、松永久秀は三好長逸《ながやす》、政《まさ》康《やす》、岩成友通《いわなりともみち》らの三好三人衆と手を組み、清水寺参詣《さんけい》と称して兵をすすめ、義輝の居所・二条御所を襲撃して自刃に追い込んでいる。

義輝の弟で、後に諸軍足利義昭となった覚慶《かくけい》は、奈良興福寺一条院に身を隠していたが、松永勢によって捕まり、藤孝は援軍を要請し、一色式部少輔藤長《いっしきしきぶしょうゆうふじなが》・同播磨守晴家《はりまのかみはるいえ》・同兵部《ひょうぶ》一色式部大輔輝清《いっしきしきぶだいゆうてるきよ》・細川中務大輔輝経《ほそかわなかつかさだいすけてるつね》・大館伊予守晴忠《おおだていよのかみはるただ》・仁木七郎《にきしちろう》・畠山次郎《はたけやまじろう》ら御供衆と米田求政《こめだもとまさ》らによって救出に成功する。

奈良を脱出した覚慶の一行は、近江（甲賀郡）の和田伊賀守《わだいがのかみ》を頼り、矢島・少林寺を経て若狭熊川城へと向かうが、随行した者は、藤孝をはじめとする一色《いっしき》・和田《わだ》・沼田清延《ぬまたきよのぶ》（熊川城主）・同光友《みつとも》ら僅《わず》かの主従である。一行は熊川から越前の朝倉義景を頼り、身を寄せることになるが、藤孝が初めて明智光秀と接したのは、朝倉氏の客人であったときである。

同じ時期、覚慶は足利義昭と改めており、このとき、藤孝は光秀を足利義昭の臣に迎え入れている。

藤孝と光秀は義昭の臣従として仕え、二人は織田信長との連絡役を務めることになる。中でも、立政寺《りっしょう》（美濃西荘）において義昭の上洛のため、織田信長の支援を仰いだことは大仕事であった。信長はこのとき、要請に応じるかたちで支援を約束する。

信長の妹婿・浅井長政が参陣することになり、五万の軍勢は六角義賢《ろっかくよしたか》父子を箕作城《みつくり》で破り、続けて観音寺城《かんのんじじょう》を攻略すると、そのまま織田軍は義昭を奉じて京都へ入る。敗退した三好・松永らは京都を逃れて四国に渡ると、義昭の義弟・足利義栄《よしひで》を将軍に祭り上げる企みを進め、義栄を阿波（徳島）から富田（摂津）に移している。

長岡（細川）藤孝であるが、義昭を奈良から脱出させ、上洛させた活躍は目覚ましいものであり、信長との交渉が長けていたのは事実である。しかし、永禄十二年（１５６９）正月、信長の軍勢が洛中を退去すると、手薄になった京都に三好三人衆が軍を入れ、義昭の居所である京都本国寺を襲撃している。このとき、藤孝は池田勝正《いけだかつまさ》と伊丹忠親《いたみただちか》らで見事に撃退している。

それをきっかけに、将軍義昭は織田信長の思惑に反して、権力志向を高めてゆくことになる。信長は、元々義昭を名目の将軍として据えており、五ケ条の誓約を認めさせていた。例えば、義昭の発給する御内書には信長の添え状を付ける事を義務付け、今まで発給した御内書は全て無効としている。つまり、天下の政治は信長に一任の事とし、将軍としての義昭の権力志向を削ぐ狙いがあった。だが、名目的ではあったが、将軍の地位を得た義昭は、まったく意に返さず、その後も、信長の当面の敵となった浅井・朝倉・本願寺・上杉・長宗我部・毛利に対し、御内書《ごないしょ》を乱発する。

当然、信長の耳に入り、藤孝は将軍を諌《いさ》めるが、御供衆の上野秀政《うえのひでまさ》らが反論し、信長と将軍家との蜜月は氷解《ひょうかい》することになる。

信長は、藤孝の表裏一体の人柄を評価し、勝竜寺城を与え、義昭への書状は、藤孝が内容を披露《ひろう》する「付状形式《つけじょうけいしき》」のかたちをとることになる。

この時期より、二君に仕えるわけであるが、藤孝の下で仕えていた明智光秀とともに、信長の麾下に属することになる。

藤孝父子は光秀の軍勢要請を拒む

信長の勧めで藤孝の嫡男・忠興は、明智光秀の娘・玉を娶《めと》ったことで、藤孝・忠興父子と光秀が深い姻戚関係にあるのは確かだが、信長の取り持ちによるものであり、藤孝と信長との主従関係を超えるものではなかったと推察する。

従って、姻戚ではあるが光秀の謀叛に同調しなかったことになる。六月九日、光秀は上洛すると吉田兼和《よしだかねお》（兼見）邸で、長岡藤孝宛てに書状を認めている。

長岡藤孝・忠興宛書状（細川文書）

御父子もとゆい御払い候由、もっとも余儀なく候。
一旦我等も腹立ち候えども、思案候ほど、かようにあるべきと存じ候。
しかりといえども、この上は大身を出され候て、御入魂希う所に候事。
国の事、内々摂州を存じ当て候て、御のぼりを相待ち候つる。
ただし、若州の儀おぼし召し寄り候わば、これもって同前に候。
指し合いきと申し付くべきに候事。
我等不慮の儀存じ立て候事、忠興など取り立て申すべきとての儀に候。
さらに、別条なきに候。五十日百日の内には、近国の儀相堅めるべきに候間、
その以後は与一郎（忠興）殿など引渡申し候て、何事も存ずまじく候。
委細両人（使者）申さるべきに候事

光秀　（花押）

六月九日

長岡藤孝・忠興父子は中立の立場をとり、藤孝は剃髪して幽斎と号し、忠興に家督を譲っ

ている。その上で光秀の軍勢要請を断ると、秀吉に与する形はとりながらも、実際には羽柴軍が本陣を置く尼崎に駆けつけていない。

明智光秀は上杉景勝に通じていたか？

光秀は「本能寺の変」の直前、越中《えっちゅう》において織田方と対峙《たいじ》していた上杉景勝に、書状を発給していたことが発覚している。

これは何を意味するかといえば、「信長討ち」を予告することで、勝利した暁《あかつき》には支援を要請することが可能となるからである。

『河隅忠清発給文書』

綱文

同年六月につく、直江兼続信州表御出陣により、河隅忠清書簡を呈して明智光秀越中表に申し送る由これを伺ふ也

書状

先日は御書下され候、（中略）

一昨日、須田相模守方より召仕の者罷り越し、
才覚申す分は、明智の所より魚津迄使者指し越し、
御当方無二の御馳走申し上ぐべき由申し来り候と承り候、
実儀候はば、定めて須田方より直に使を上げ申さるべく候、
この旨よろしく御披露に預かるべく候、
恐々謹言

河隅越中守
六月三日
直江与六殿

光秀の使者が、六月一日に魚津城《うおつじょう》に到着し、越中方面の軍事指揮官・須田満親《すだみつちか》に書簡を渡している。それには「御馳走申上ぐべき由申し来り候」とあり、明智軍に支援を要請している。

何故、直接春日山《かすがやま》に直接向かわなかったかといえば、すでに越後国境は織田軍の監視が厳しく、光秀の密使が向かうのは困難を要していた。捕まれば光秀のクーデター計画が発

覚する危険性を秘めているからである。

坂本から越中まで十日間を要すことを考えれば、五月廿日には密使が向かったことになる。つまり、「信長討ち」は、着実に進行していたのである。満親は春日山城留守居の河隅忠清《かわすみただきよ》へ使者を遣《つか》わして子細を伝えている。

忠清は家老の直江兼続《なおえかねつぐ》の許しを得て、上杉景勝の在陣する今泉城へ報告している。

このように、光秀は織田方の包囲網を着々と築いていたのは間違いないのであるが、秀吉の思いがけない勝利によって、戦況は崩壊《ほうかい》を辿《たど》ることになる。

三　光秀の軍事要請に筒井順慶の迷い

元亀二年（1571）十月廿五日、筒井順慶《つついじゅんけい》は光秀の斡旋《あっせん》で信長に仕えており、光秀とは親密な関係にある。

信長より大和一国を与えられた順慶は、十八万石で郡山城主（現奈良県郡山市）に任じたが、光秀の組下であることから、「本能寺の変」で光秀より支援の要請を受けていた。

二日後の六月四日、一門の布施左京進《ふせさきょうのしん》・松倉重信《まつくらしげのぶ》ら重臣と評定の結果、消極的ではあるが近江へ援軍を送っている。しかし、直ちに兵を大和に呼び戻している。(『多聞院日記』)

光秀は六月十日、洞ケ峠に陣を敷いたが、家老・藤田伝五を順慶の居城である郡山に派遣し、軍を差し向けるよう要請する。だが、順慶は即刻退去を命じ、伝五は、山城木津《やましろきづ》城(現・京都府木津市)に退く。(『多聞院日記』)

追い返した順慶は、再び伝五を呼び戻しているのである。迷っていることが頷《うなず》けるのであるが、実は、秀吉が九日に姫路を発ったという知らせを受け、誓書《せいしょ》を送り、大和の国人たちを集めて血判の起請文《きしょうもん》をとっているのである。つまり、何れが勝利しても安泰であるよう二股をかけたのである。

その事を示す『多聞院日記』には、「今夕醍醐に陣取ると申す余りに見合わせられ、筑州(秀吉)ヨリ曲事ト申すと云い……(後略)」

秀吉は順慶があまりに遅れたことから、曲事《くせごと》(けしからぬこと)と述べている。実際に、順慶は山崎の合戦には参陣していない。

第四章

事変の黒幕は誰か？

一　羽柴秀吉は黒幕ではなかった

発見された新史料『柴田勝家の書状』から検討

光秀の謀叛について、後ろ盾となる黒幕は永遠の主題とされ、日本の歴史上において最大の謎とされている。

これまで、多くの研究者によって様々な仮説が唱えられ、正親町天皇黒幕説・毛利輝元・足利義昭黒幕説・羽柴秀吉黒幕説・徳川家康黒幕説など諸説がある中で、羽柴秀吉が黒幕ではないかとする風潮が強かったのであるが、昨今、新たな史料が発見されたことで、メディアが大々的に報道している。

平成三十年（２０１８）十一月、「本能寺の変」に関連する柴田勝家直筆の書状が、新潟県新発田市の溝口家資料の中から発見され、勝家が織田方の武将・溝口半左衛門《みぞくちはんさえもん》に宛てたものであるが、明智光秀の討伐に出遅れた勝家が、光秀の進攻経路（居場所）を正確に把握できなかったことを伝えているのである。

それに反して、秀吉は光秀の動向を事前に察知していた可能性が強いことから、黒幕説が一段と現実味を帯びてくる。

秀吉は明智軍の進攻経路をなぜ知ったか？

柴田勝家は、光秀が江州《ごうしゅう》（現・滋賀県）坂本に居るものと推定し、丹羽長秀と連携して討伐する旨を明らかにしてはいるが、秀吉はすでに明智軍の進軍経路を把握していたのは事実である。

ただし、「信長討ち」を計略したのではなく、飽くまでも主君・信長への弔い合戦に挑んだに過ぎない。では、秀吉に光秀の情報を内通したのはだれかといえば、明智軍団の傘下に属している長岡（細川）藤孝の嫡男・忠興である。

『松井家譜所載文書《まついかふしょさいぶんしょ》』によれば、大返しによって、羽柴軍は野殿（現・岡山市）に着陣した際、六日に姫路へ到着する旨を松井康之《やすゆき》に急信しているが、返書には、光秀の行軍経路を知らせている。

光秀にとって長岡父子は、親族関係にあり、最も頼りとした人物であったが、「本能寺の変」では、軍勢要請を断っていた。

藤孝の嫡男・忠興の妻・ガラシャ夫人は、光秀の三女・玉であるが、名族である細川家はガラシャを蟄居《ちっきょ》させ、御家存続を優先したものと思われる。

光秀の与力でありながら光秀の要請を断ったことから、藤孝は謝罪の意味であろうか、剃髪して幽斎玄旨と名乗り、家督を忠興に譲ると田辺城（現・京都府舞鶴市）に籠っている。それに引き替え、忠興は、藤孝の跡を引き継ぎ丹後・宮津城主となるや、毛利勢と交戦する秀吉の指揮下にあったと考えられる。従って、忠興を通して光秀の行動が秀吉のもとに伝わったものと推察する。

秀吉が弔い合戦に参じたのは信長への恩に報いる為か？

秀吉は「本能寺の変」において、逸早《いち》く駆けつけたことで黒幕ではないかという俗説が浮上することになるのだが、前述したように忠興の内通によるものであり、「信長討ち」の黒幕とは考えにくい。

通常であれば、信長の急死に対して、秀吉がこれほどまでに駆り立てられたのは、信長によって栄進《えいしん》した恩に報いる為というのが常道であろう。しかし、下剋上の時代であることから、野心が無かったとはいい切れないのも事実である。従って、俗説が生まれたわけであるが、明智光秀が謀反を起こすことを秀吉は予想していたかといえば、有り得ないことである。また、黒幕として光秀と謀り、「信長討ち」を計画したかといえば、その可能性は皆無であろう。

遠方の中国で数ケ月に渡って毛利勢と交戦をしているなかで、戦術的にも秀吉を黒幕と考えるのは無理である。

信長の一門には先輩格の佐久間盛政《もりまさ》や柴田勝家・滝川一益《たきがわかずます》などの勇将《ゆうしょう》が揃っており、信長を倒して天下を取ろうと謀略するならば、必ずや内通者によって滅ぼされる運命にある。むしろ出世欲の強い秀吉が、主君を倒した敵を逸早く討つことで、織田家一門での地位を固めたというのが自然であろう。

傍観して乗り遅れたならば、彼等の麾下に属す運命となるのは必然であり、老臣たちより先に軍功を上げようと考えるのが戦国時代における武士の力量である。

秀吉はこの意識から取って返したことになる。従って、野心はあるにしても、主君・信長を殺《あや》めるために光秀と共謀し、「本能寺の変」を謀《はか》ったとは考えにくいのである。

明智軍を追い払い京都を占拠したことで、その後、幸運にも天下を制すことになるが、それを以て黒幕と考えるならば早計であろう。

黒幕とは、飽くまで裏で支援・指示する者をいい、実行者である光秀を討ち果たすとなれば、黒幕とはいえないだろう。

この説の特徴は、一番得した人物が怪しいとするロジックで考えているが、当時の秀吉は織田家の一家臣に過ぎず、彼の軍力（一個師団）では、天下取りは愚か、織田軍団（柴田勝家・滝川一益・筒井順慶等）を敵に廻したならば勝ち目はなかった筈である。まして、織田軍団と引けを取らない徳川軍と対峙することになれば、太刀打ちすることすら無理であろう。もし、家康が織田家一門と合流して秀吉と交戦したならば、むしろ家康の天下は早まったことになる。

一例を上げるなら、「本能寺の変」以後、清州会議によって台頭した秀吉は家康と対立するが、小牧・長久の戦いで徳川軍に敗けている。従って、秀吉の黒幕説については、動機となる資料や伝承が皆無であり、まず有り得ないことである。

結論をいうならば、主君への弔い合戦に挑む能力が優れていたことは認めざるを得ないが、狙《ねら》いとして織田家一門の先輩格の麾下に属すのを避けたものと考える。

（注記）戦術やリクルート力に長けていたのは事実である。例えば、家康の三河での旗頭《はたがしら》であった石川数正《いしかわかずまさ》を引き抜いていることや、藤孝の家老・松井康之に長岡の土地を与え、内通させるなど、上杉景勝の家老・直江兼続を引き抜こうとして失敗するが、米沢三十万石を与えている。外にも、真田信繁《さなだのぶしげ》や信幸《のぶゆき》に豊臣の姓を授けて一門とし、徳川四天王の一人・榊原康政《さかきばらやすまさ》を引き抜こうとして断られ、小牧長久手《こまきながくて》の戦いで、康政の檄文《げきぶん》に秀吉は激怒している。

秀吉は光秀の謀叛を事前に知らされていたか？

これまでの通説では、秀吉が「本能寺の変」を知ったのは二つのルートが考えられている。

一つは、明智光秀の密使を捕らえて知る。二つ目は、織田方からの急信である。前者については、明智光秀の密使が小早川隆景の陣中に行くはずが、秀吉の軍に間違って届けたとされているが、毛利方の軍旗と秀吉方の軍旗を密使が間違えたとは考えにくい。従って、秀吉方に捕らえられたのは間違いないわけである。

密書内容は以下の『別本川角太閤記《べつほんかわすみたいへいき》』に載せてある。

『別本川角太閤記』（国立公文書館内閣文庫蔵）

急度以飛戦令言上、今度羽柴筑前守秀吉事、於備中国企乱妨条将軍御旗被出三家御対陣之由、誠御忠之至、永可伝末世候然者光秀事、近年対信長、懐憤恨難黙止、今月二日、於本能寺、信長父子達素懐候、且将軍被、遂御出□意之条、生前之大慶不可過之候、此間宣預御被露者也、誠惶誠恐

六月二日　　惟任日向守（光秀）

小早川左衛門佐（隆景）殿

明智光秀は「本能寺の変」後、早馬を出して毛利家に事件のあらましを急報しようとしたが、密使が秀吉の陣内で捕らえられ、情報を掴んだ秀吉は、毛利方に漏れないよう遮断し、直ちに講和を結んだことになる。

後者については、織田方の正式な密使・長谷川宗仁（武将・茶人）からの知らせであり、何れが先であったかは計り知るのは無理としても、知らせを受けた時刻は何れも六月三日夕刻から夜半にかけてであろう。これについては、間違いとはいえないのであるが、問題なのは、事変の起きることを、秀吉は事前に察知していた疑いがある。

実は、細川藤孝の家老・松井康之と秀吉は、密接に情報のやり取りをしていたことが判明しており、信長殺害の計画、あるいは光秀の動向を知らせていたことが十分に窺えるのである。

光秀の与力である長岡藤孝は、「本能寺の変」以前から、両氏の間にそれ程の上下関係はなかったと考えられる。そのことを推考するならば、外交文書にもみられるように、藤孝・忠興父子に代わり、執事を行なった家老・松井康之の存在が、秀吉との交渉のなかで大きく影響していたものと思われる。『知行宛行状《ちぎょうあてがいじょう》』には、康之の花押が見られるように、政治交渉役として対外戦略を任されていたことになる。
藤孝は歌人・茶人として世に知られ、一門は無論、信長・家康との交渉においても、康之に軍事などの政治的権限を一任しており、五月十七日の家康と光秀の密談に同席したのは、藤孝と家老・松井康之である。なお、光秀の家老・斉藤利三も立ち会っていたことが判明している。（『兼見卿記《かねみきょうき》』『晴豊公記《はるとよこうき》』）
翌日、藤孝は松井康之と対応を協議していることから、家老の康之によって、謀叛の計画が秀吉に急信されていた可能性が強い。

光秀の進軍経路を何故知ったか？

前述したように、平成三十年（２０１８）十二月、新潟県新発田市の溝口家に残る古文書の中から、「本能寺の変」に関わる新史料が発見されたことを大々的にマスコミは報道している。
その内容は、「本能寺の変」が起きた天正十年六月二日の十日後、越前（福井）にいた柴田勝家が織田方の武将・溝口半左衛門に宛てた書状にある。それによれば、明智光秀の所在が確認出来ないとし、想定では江州にいると見ている。この時期、柴田勝家は越前（福井）から一歩も動こうとはしていないのである。

ただし、丹羽長秀と連携して討伐する計画であったことが示されているのだが、不思議なのは、越前と近江は隣国でありながら弔い合戦に参戦しなかったことである。

この疑問を解く鍵として、秀吉と勝家は犬猿の仲であることと、主君・信長が自刃したことから、織田家の内戦に合流を嫌ったむきが考えられる。つまり、光秀と秀吉の一戦を見据えた上で、何れかにつくかを決めようとした思惑が窺える。

なお、光秀の進軍経路については、藤孝・忠興父子が秀吉に属したことで、家老の松井康之によって逸早く羽柴軍に伝わった可能性が非常に濃い。（『本能寺の変四二七年目の真実』著明智憲三郎《けんざぶろう》）

山崎の合戦で勝利を収めた秀吉は、清州会議に臨むにあたり、内通した松井康之を陣営に迎え入れようとしたが固辞され、秀吉は褒美として鳥羽の知行地《ちぎょうち》を宛《あて》がっている。（『群馬風土記・沼田氏の研究』）

これらの経緯から秀吉が「信長討ち」の黒幕と考えるのは早計《そうけい》であるのと、主人・信長への謀叛を事前に知らされ、事変後に先手を打ったところに、秀吉の狡《ずる》さが垣間見えるが、このような人物は現代の政界・官界・一般社会でも多く見受けられるが、能力よりも世渡り上手という人物像である。

（注記）松井康之の妻は「かや」（自得院《じとくいん》）といい、父は細川藤孝の妻・麝香《じゃこう》の兄・沼田光長《ぬまたみつなが》である。従って、「かや」は麝香の姪にあたり、細川家と松井家及び沼田家は姻戚関係にある。ちなみに、麝香の父は熊川城主・沼田光兼《みつかね》である。沼田氏は上野国《こうずけのくに》を出自とする鎌倉期の御家人。

（『群馬風土記・沼田氏の研究』）

二　家康は黒幕だった

信長の「家康暗殺」命令とは？

三河・遠江・駿河の国衆を束ねる徳川家康は、信長の軍団に優るも劣らない軍事力を備えており、甲斐の武田氏との決戦では先鋒《せんぽう》を務めるなど、滅亡に追い込んだのは徳川勢である。従って武田氏の滅亡は、織田軍と徳川軍との軍事同盟による結果といってよい。

武田氏が滅んだことで信長が天下を取るにあたり、次に最大の敵となったのは家康であろう。両者は同盟関係に終止符を打つタイミングを計り、その時期が刻々と近づいていることを考えていた節がある。

天下取りを目指した信長は、羽柴秀吉に備中の毛利攻めを命じ、柴田勝家《しばたかついえ》・前田利家《まえだとしいえ》・佐々成政《さっさなりまさ》らは北陸にて上杉景勝と一戦を交えていた。また、滝川一益は関東管領《かんとうかんれい》として厩橋《うまやばし》城に入り、関東の雄である北条氏を屈服させ、河尻秀隆《かわじりひでたか》は甲斐の武田旧領を支配、森長可《もりながよし》らは信濃の国衆を従属させていたのである。

織田信孝・丹羽長秀は摂津に出張するなど、信長の軍団は一丸となっていたが、別格の家康は、同盟者でありながら信長の進攻作戦には加担せずに別行動に終始していた。この別行動に関して、これまでに取り上げた文献は少ないように思う。

信長が天下を目前にするなかで、同盟者の家康が遊覧《ゆうらん》しているのは不思議であるが、織田軍団のみで天下を手中に収めようとする信長の意志が見事に反映している。この動きからも、同盟関係は実質的に破綻《はたん》したことを意味している。

通説では、天正十年（1582）五月十五日、家康は駿河を与えられたお礼を述べるため安土へ登城《とじょう》したというのであるが、実は、慎重な家康を招くための大義名分として、駿河国一国を仮に与えたものと考えられる。すなわち、家康を鯉に例えるならば、池の鯉に餌を与えて誘き寄せたといってもよい。では何故、誘き寄せたかといえば、家康を暗殺するためである。

家康は用心深い人物であり、錚々《そうそう》たる重臣三十四名を従えて安土へ赴いており、これらの重臣には供廻りの者が付き、総勢数百人とも思われる。

随行した主な武将は以下のとおりである。

酒井忠次《さかいただつぐ》・石川数正・本多忠勝《ほんだただかつ》・井伊直政・榊原康政・服部正成《はとりまさなり》・高木広正《たかぎひろまさ》・大久保忠隣《おおくぼただちか》・菅沼定政《すがぬまさだまさ》・菅沼定利《さだとし》・大久保忠佐《ただすけ》・牧野康成《まきのやすなり》・高力清長《こうりききよなが》。

信長は家康を迎えるにあたり、畿内管領（統轄）を担当する明智光秀と密談をしており、その席で、「家康暗殺」の計画を命じていた事が明らかとなっている。

その計画とは、安土城に一旦招いた後、再び京都本能寺へ迎え入れて茶会を催すことにし、光秀の軍勢により殺害するというのである。なぜ、安土城で討たないかといえば、狭い城下に大軍を導入するとなれば、用心深い家康に気づかれる恐れがあるとし、洛中であるならば、四国攻めの準備、並びに中国派遣（毛利攻め）の最中であるという理由で、軍勢を投入しても怪しまれないという考えである。

信長は光秀に中国攻めの派遣を命じ、饗応役を交替させるなどしているが、五月二十九日に上洛した信長は、麾下の武将たちに「御上洛の御触れ」を発給するなど、恰《あたか》も六月四日、中国出陣であるかの偽装をしている。

実際には備前高松城の毛利方と秀吉はすでに講和の方向に進んでおり、信長自らが、毛利攻めに出陣するかの如くいわれているが大きな誤りである。このとき、信長は『神戸信孝宛朱印状』を発給しており、そこには、「伊予・土佐の儀、信長淡州に至って出馬の刻申し出すべき事」とし、四国領有に関しては、信長が淡路島に着陣した後、土佐・伊予について決める旨が記されており、この文書を見る限り、光秀や信長が毛利攻めに駆けつけるとは考えられない。

なお、『本城惣右衛門覚書《ほんじょうそうえもんおぼえがき》』には、毛利攻めが偽装であることを認めざるを得ない内容が隠されているのと、「家康暗殺」は織田の家臣たちに浸透していたことが窺える。

『本城惣右衛門覚書』

「あけちむほんいたし、のぶなが（信長）さまニはら（腹）めされ申候時、ほんのふ寺（本能寺）へ我等よりさきにはい入申候などといふ人候ハバ、それハみなうそにて候ハん、と存候。其ゆへハ、のぶながさまニはらさせ申事ハ、ゆめともしり不申候。

其折ふし、たいこさまびっちゅう（備中）ニ、てるもと（毛利輝元）殿御とり相ニて御入候。それへ、すけニ、あけち（明智光秀）こし申候由申候。山さき（山崎）のかたへとこころざし候へバ、おもひのほか、京へと申候。我等ハ、其折ふし、いへやす（徳川家康）さま御じやうらく（上洛）にて候まま、いえやす（徳川家康）さまとばかり存候」

この文書に「いえやすさまとばかり存候」とあるが、光秀の家臣・本城惣右衛門は、本能寺を襲撃した際、兵たちは上洛中の家康を本能寺で討つものだと思っていたと覚書で示している。右衛門は下級武士であり、おそらく多くの家臣たちも同様の認識をしていたはずである。（『本能寺の変の群像』）

なお、宣教師のルイス・フロイスは、明智軍に対し「本能寺へすすむ明智兵は、信長に命じられ、家康を殺すつもりでは」といぶかる様子を書き残している。

これらの資料は一つの傍証となるが、類推するならば、明智軍の下級武士らは本能寺での襲撃目標は信長ではなく家康であると認識していたことになる。

光秀が謀叛を決断した背景

光秀は信長の命令どおり「家康暗殺」を下級武士に伝えたものと思われる。しかし、その裏で、斉藤利三ら重臣たちによって「信長討ち」は極秘に進められていたのである。

（注記）光秀の後裔にあたる明智憲三郎氏は、「家康の抹殺計画」とともに、「家康の領地進攻計画」が、信長によって着々と進められていたと『本能寺の変・四百二十七年目の真実』で著して述べている。家康を本能寺に誘うにあたり、油断させるため、信長はわずか二、三十人の供回り（御小姓衆《おこしょうしゅう》）を従え安土から本能寺へ入寺していたのは事実である。

『信長公記』
「御小姓衆二、三十召し列れられ、御上洛。直ちに中国へ御発向なさるべきの間、御陣用意仕り候て、御一左右次第、罷りたつべきの旨、御触れにて、今度は、御伴なし」

光秀は手薄となった本能寺で信長を討つ千載一遇の好機が到来、事変直前となる五月十七日、光秀は坂本へ下っているが、その当日、安土に到着していた家康と密談をしている。そこで光秀より知らされたのが「家康暗殺」計画である。

家康は、光秀の内通により一命を救われたのは間違いなく、光秀による信長への謀叛の意志に対し、むしろ同調したものと考えられる。

この時点で、織田家との軍事同盟は実質的に破棄され、光秀と家康との間で新たな同盟が成立したということになろう。家康の同調により、「信長討ち」の決意が固まったといってよい。

「本能寺の変」直前、家康が命じた発給文書とは？

家康は随従《ずいじゅう》して京都に泊まっていた酒井忠次《ただつぐ》に命じ、「本能寺の変」直前（石川忠総留書《いしかわただふさとめがき》から五月三十一亦六月一日）に松平家忠《いえただ》に急信させている。

家康の家臣・松平家忠宛ての発給文書には、「家康御下候者、西国へ御陣可有之由」とあり、家康が帰国したら、西国へ出陣がある旨を連絡している。このように、光秀の「信長討ち」を前提とした「出陣予告」を、家康は酒井忠次に命じている。

『家忠日記』（天正十年六月三日の条）

「京都酒井左衛門尉（酒井忠次）より、家康御下候者、西国へ御陣可有之由申来候、

西刻二、京都にて上様二明知日向守、小田七兵衛別心にて、柳生かい候由、大野より
申来候」
（注記）松平家忠は三河国深溝《みかわわこうず》城主（現・愛知県幸田町）

この文書を読み解くならば、すでに光秀より「信長討ち」の決意を知らされていた家康は、織田方の長宗我部氏征討軍が渡海することから、光秀が蜂起したならば、光秀への援軍を差し向ける準備をせよと命じていたものと類推する。これは、家康の命を受けた老臣・酒井忠次より、事変前に家忠に発給された文書の記録を家忠が書き留めた日記である。従って、光秀による「信長討ち」を予期しての行動であるのは間違いなく、家康が黒幕であることを裏付ける重要な資料である。

光秀を庇護した家康こそ黒幕

現在の通説は、秀吉が明智軍に勝利したことで清州会議を優位にし、柴田勝家らの一派を一掃したことから、秀吉を黒幕としているのであるが、そこには何の根拠もなく、一次史料があっての事象でないのは明白である。

信長を自害に追い込んだのは、まさしく明智光秀であるが、その光秀の黒幕が秀吉とするのには大きな矛盾があろう。

何故かといえば、光秀と秀吉は犬猿の仲である事と、現代のサラリーマンに喩えると、定年間際の実務型の光秀と、織田家生え抜きで出世欲の強い秀吉との開きがある。しかも、秀吉を引き立てた恩人は信長である。その信長を討つ大義がどこにあるのかといえば、何の根拠もない。また、秀吉が光秀を討ったとなれば、それは黒幕とはいえないのである。

ところで光秀は何故、謀叛を決意できたのか検討してみたいと思う。信長・信忠討ちが成功したとしても、織田一門には、羽柴秀吉・柴田勝家・信長の息子織田信孝・信雄《のぶかつ》など有力な軍団が控えて居り、光秀単独の軍勢では勝ち目がないからである。

光秀ほどの実戦経験のある武将であれば瞬時に気が付くはずである。負ければ叛逆者《はんぎゃくしゃ》として一族全員が皆殺しとなる戦国の世である。このような、危険な賭けを光秀が果たしたとは思えない。だからといって、当時の弱体した朝廷や足利義昭らと連合したとしても、大した加勢とはならない。そこで考えられるのは家康の支えを得ることであった。

家康が黒幕として影で支えることが約束され、「信長打ち」は実行されたとみるのが自然である。

光秀の謀叛に乗じて家康は織田家の所領を奪う

堺に居た家康は、通説によれば「本能寺の変」を知らされると、急ぎ「伊賀超え」をして命からがら浜松へ逃げ帰ったというのである。

『本城惣右衛門覚書』や『家忠日記』が示すように、家康は光秀の謀叛を事前に承知していたことと、黒幕として、光秀に「信長討ち」を決断させている。

「伊賀越え」について、家康一行は脱出したとか逃走などといわれるが、明智軍に襲撃されるわけではなく、織田の軍勢に狙われることも考え難い。

光秀の謀叛を想定し、事前に帰還経路を決めており、家康に随行した三十四名の武将と、それぞれの御供衆や、さらに二百人ほどの伊賀者を呼び寄せ、準備万端のうえで三河の岡崎城（現・愛知県岡崎市）へ着いている。

「事実は小説よりも奇なり」というが、まさしく、家康は光秀の謀叛を予見して、二百余名の護衛を確保していたことになろう。

（注記）『伊賀者《いがもの》由緒《ゆいしょ》幷《ならび》御陣《ごじん》御供《ごくう》書付《かきつけ》』によれば、家康の家臣・服部正成の束ねる伊賀者百九十名を家康の護衛に付けたことが書かれている。同じく『伊賀者由緒記』においても、伊賀者の精鋭が護衛したとある。

『依田紀《よだき》』には、事変の一報を耳にするなり、信長の生死を確認することなく、依田常陸之助《よだむつのすけ》（信蕃《のぶしげ》）に飛脚を送り、「甲斐と信州を共に家康が、手にいれるよう引き付けの指示」を伝えているのである。

この家康の動向は重要であり、すでに同盟関係は事変前に破綻していたことを意味している。本来、同盟関係にあるならば、事変への対処を第一義としなくてはならないはずである。しかも、家康に随行《ずいこう》した重臣たちは本多忠勝ら勇将揃いである。家康が真っ先に命じたのは、信長の領土となった武田の旧領（甲斐・信濃）を奪うことであった。この一連の行動から見えてくるのは、光秀の黒幕として、家康が側面から織田家に楔《くさび》を打ち込んだことになろう。

黒幕の本質は、陰で支えることにある。従って、表に出て光秀と一緒に交戦するものではない。ただし、家康は事変直前に家臣の木俣守勝を光秀の許《もと》へ送り込んでいる。ナニを意味するかといえば、守勝は光秀の状況を把握して家康に伝える任務を与えられた重要な人物である。すなわち、光秀の生存説に結びつくものである。

（注記）木俣守勝は家康の家臣であるが、光秀に仕えていた時期の役付は小納戸役といって、主君の機密文書を管理する身分である。「本能寺の変」後、家康の許へ戻るが、後年になり明智秀満の子・三宅重元より、光秀のもとで殊功を上げたとして家宝とした光秀の愛刀「近景」を贈られる。

第五章

家康の「本能寺の変」への助走

一　家康の歴史的背景

徳川家康の先祖は三河国松平郷を本拠とし、初代松平親氏《ちかうじ》を祖とする豪族である。松平氏が台頭したのは家康の祖父にあたる清康《きよやす》の時代になるが、武勇に優れた清康は、安城の城と岡崎城を兼領する。

清康は織田信秀の弟・信光の籠る守山城を攻めたが、家臣の阿部正豊《あべまさとよ》に斬られ急死している。所謂《いわゆる》、世に知られる「森山崩れ」である。

清康の予期せぬ死によって求心力を失うが、跡を継いだのは岡崎城主となった家康の父・松平広忠《ひろただ》である。彼は苦難の道を辿《たど》ることになる。

松平氏と織田氏は年来の宿敵であり、度々三河を脅かしていたが、対抗するため、岡崎城の老臣・石川安芸守《いしかわあきのかみ》と天野甚右衛門《あまのじんえもん》が使者として駿府に出向き、今川義元《いまがわよしもと》との同盟を締結することになる。

そのため、当主の広忠はまだ三歳であった嫡男・竹千代《たけちよ》（家康）を、駿府へ人質として出すことになる。

二　清州同盟の締結と発展

覇権争いからの脱却

当時の家康は、今川義元の許へ人質として送られ、今川家に従属する身であったが、永禄三年（１５６０）桶狭間《おけはざま》の戦いで、今川義元が織田信長に討たれると、家康は今川家の従属から離れて自立の道を歩むことになる。

父祖伝来の岡崎の城を取り戻すことになり、今川氏の同族・吉良《きら》氏や親今川《しんいまがわ》氏の勢力を、三河から追放した家康だが、今度は甲斐の武田信玄《たけだしんげん》が三河への進出を企てていた。

永禄五年（１５６２）、清州城の織田信長と軍事同盟（清州同盟）を結んだ家康は、武田の軍勢に対し、三河・長篠城（現・鳳来町）の攻めを防止している。

設楽ケ原（現・新城市）の合戦では、織田・徳川連合軍により武田勝頼《かつより》の軍勢を撃退することに成功する。この時期を境にして、家康と信長は甲州の武田や美濃の斎藤、伊勢の北畠、東海の今川という強敵を打破し、東海・近畿への勢力を拡大しつつあった。

家康は三河統一から駿河へと転進

永禄七年（１５６４）、家臣たちが分裂して戦った三河一向一揆を鎮静させた家康は、永禄九年（１５６６）、先祖来歴《せんぞらいれき》に準じ、松平から徳川に苗字を復《ふく》すことになる。

東三河・奥三河を平定した家康は、念願の三河統一に成功するが、野田城の攻防戦や三方ケ原の戦いで武田信玄に敗北を期している。だが、信玄が亡くなり、勝頼との長篠・設楽ケ原の決戦で織田・徳川両陣営は勝利すると、高天神《たかてんじん》城の攻略に成功した家康は駿河を領国とした。

三　信長への遺恨

徳川氏と織田氏は同盟によって領域を拡大することになるが、互いの軍事力の増大によって、同盟関係にひびが入ることになる。つまり、同盟よりも一門による軍団の成長を望んだのである。

特に信長は、蜂須賀《はちすか》氏や木下《きのした》氏など、実力があればどしどし登用する一方、佐久間氏・

林氏等の老臣であっても馘首《かくしゅ》するという惨《むご》さをみせている。

作家の山岡荘八《やまおかそうはち》氏は、武将としての織田信長についてこのように批評している。それは、徹頭徹尾「天下布武《てんかふぶ》」という武力による天下統一を狙い、重臣であろうとも「斬取り強盗」の精神で非情なところがあるという。

家康は、信長の性質を知りつつも三河以来同盟関係を維持することを第一義としてきたが、強力な軍事力を保持するまでに成長したことで、このまま同盟関係を続けることに脅威を感じていたのは間違いないと思われる。

なお、家康は信長に対して遺恨がないわけではなかった。天正三年（1575）に伯父・水野信元を、同七年（1579）九月には、武田氏に内通したとして家康の嫡男・信康《のぶやす》は自刃させられている。その背景には、政略結婚により信長の娘・徳姫《とくひめ》が信康の妻となっていたことから、徳姫は信康と築山《つくやま》殿（家康の正妻）が武田と内通していると信長に告げ口し、家康は、信康を切腹させざるを得なくなる。なお、築山殿は斬殺となった。

この時期の家康と信長とでは軍事的格差があり、従わなければ謀叛の心ありとして攻め滅ぼされる運命にあった。この事件が「本能寺の変」の三年前に起きたことに重要な意味がある。

（注記）　家康は信康を弔うために、信康山清龍寺《のぶやすやませいりゅうじ》を建立《こんりゅう》し菩提寺とした。後年、生きておれば徳川幕府二代将軍に就いていたことになる。

四　家康と佐久間信盛は気脈を通じる

佐久間信盛は織田家の重臣であるが、家康とは三河時代から入魂の間柄である。その初見《しょけん》は、永禄十年（１５６７）、家康の嫡男・松平信康が信長の娘・徳姫を妻に迎えるにあたり、岡崎まで供奉《ぐぶ》し、家康の領地に接する西三河に居住。家康が三河統一の際にも、信盛は織田家と徳川家の橋渡しの役目をしている。

元亀三年（１５７２）、武田信玄と徳川家康が対峙した三方ケ原の合戦では、家康の支援に駆けつけるなど別格の働きをする。信長が老臣・佐久間信盛に送った十九ケ条の折檻状には、「そもそも天下を支配している信長にたてつく者は、信盛から始まったのだから、その償いを実行すべきであり、さもなければ、二度と天下が許すことはないであろう」とし、家康と通じていたことを暗示している。

信盛は事変の起きた年の一月十六日、熊野の奥地で不遇のうちに亡くなるが、「本能寺の変」で家康は、佐久間信盛が居城とした鳴海《なるみ》に在陣し、明智軍の戦況を窺うことになるが、信盛を弔う意味さえ感じるのである。

五　清州同盟の終焉《しゅうえん》

武田氏滅亡が織田家と徳川家の終焉を加速

元亀四年（1573）武田信玄の死後、天正三年（1575）の長篠・設楽ケ原《したらがはら》の決戦で武田の軍勢を破った徳川・織田の連合軍は、天正十年（1582）三月十一日、武田の本拠である甲州へ軍を進め、天目山の戦いで勝頼を自害に追い込み、武田氏は滅びることになる。同時期、信長は家康の嫡男・信康に自刃を命じ、正妻・築山御前を斬殺している。

家康の後継者を削《そ》いだ信長は、武田氏の滅亡によって家康との同盟関係を反故にする方向にあった。従って、武田氏遺領は家康に分け与えず、信長の家臣・森長可と毛利秀頼《ひでより》に信濃の地を任せ、甲斐国には河尻秀隆を配置した。

『信長公記』

「武田攻めには信長自身が出馬し、筒井順慶を召し連れていくので準備すること、三好山城守（康長）は四国へ出陣すべきこと、秀吉は中国へ宛て置くこと、細川藤孝は在国し、息子与一郎（忠興）が出陣すること、光秀も出陣の準備をすること、遠国につき人数少なく連れて行くこと」

勢いづいた信長は、長宗我部元親と結んだ同盟関係を反故にするや、手の平を返すように四国攻めを決めている。

信長は家康の領国を視察

信長は武田氏を滅ぼし、中国戦線と四国戦線同時並行的に東海の「家康暗殺」を企んでおり、現に信長は家康の領地を視察していた。詳細については、太田牛一が書き残した『信長公記』に載せられている。

それによれば、天正十年（１５８２）三月、武田勝頼を天目山《てんもくざん》に自刃させ、武田氏は実質的に滅亡するが、同年四月十二日、信長は富士山見物と称して駿河の大宮へ赴き、翌日、富士川を越えて江尻《えじり》城を視察する。

信長は本能寺において「家康暗殺」を計画していたが、すでにその三ケ月前に家康の領国視察を終えている。この動きは何を意味するかといえば、本能寺で家康を暗殺した後、一気に家康の本土に進攻し、領地を占拠する計略であったことになる。

『信長公記』には、信長の遠征に「家康暗殺」を命じた光秀の武将たちを同行させていることがわかった。

視察経路を述べると、十四日には安部川を渡り田中城の視察、十五日に掛川、十六日は天竜川を越えて浜松、十七日・三河の吉田、十八日には三河池鯉鮒《みかわちりゅう》(現・知立市)、十九日・清州、二十日・岐阜に宿り、二十一日には安土城に帰還している。

同時期に、信長は四国攻めの準備も計画しており、信長の三男・神戸信孝を総大将に、丹羽長秀・蜂屋頼隆《はちやよりたか》・津田信澄《つだのぶずみ》を副将とする布陣である。この動きを家康は、光秀との密談のなかで知ることになる。

(注記) 信長は、六月二日に本能寺へ家康を招き、暗殺を企てた翌日、織田軍団は長宗我部元親を成敗するため、四国への渡海が計画され、その一方で畿内管領である光秀の軍勢によって、家康の領国を攻める計画であった。

信長が着々と計略をすすめるなか、家康は脱織田家を念頭に、粛々《しゅくしゅく》と武田の旧臣を抱え込んだのは、「本能寺の変」の三か月前のことである。つまり、信長が駿河視察に赴いている時期、家康は「家康潰し」に対抗するため、陣容《じんよう》の強化にあたっていたと見るべきである。

依田信蕃は織田信忠の許に出仕しようとするが、家康の使者から「信長の処刑リストの筆頭に依田の名がある」と告げられ、武川衆らと共に秘かに家康の陣所を訪れると、徳川領内へ潜伏するよう進められ、遠江に身を隠したとされている。

小山田信義《おやまだのぶよし》は武田の陣中に投降を試みたが、織田信忠によって、母と妻子と共に処刑されている。織田氏の惨忍さを窺うことが出来るが、それに対し、旧武田家臣で家康の許に帰参した成瀬正一《なるせせいいち》は、後に徳川四奉行の一人となっている。

なお、徳川四天王の一人である井伊直政の家臣団には、箕輪城の武田旧臣（長野氏の遺臣含む）を多く取り込んでおり、「井伊の赤備え」と称された。

家康は「本能寺の変」後、織田軍救援のため京へ軍を進める事をせず、真っ先に織田方の所領である甲斐・信濃に対して攻勢をかけている。この問題はほとんど語られてはいないが、「第二陣・本能寺の変」と筆者は見ている。

（注記）武田の赤備えは、最強軍団といわれた武田二十四将の一人・飯富虎昌《おぶとらまさ》が最初である。甲斐軍団の代名詞とされた赤備えは、山県昌景《やまがたまさかげ》に引き継がれたが、武田の滅亡にともない、家康が武田の旧臣を吸収し、井伊直政に預けたのが「井伊の赤備え」である。

六　信長の先手をうった家康

信長は、武田氏の滅亡によって家康と連合する必要性がなくなったことから、中国の毛利攻めと四国の長宗我部攻めの終結と同時に、駿河・遠江・三河同時進攻を計画していたと思われるが、家康も脱織田家を念頭に、着々と陣容の強化をはかり、武田の旧臣を抱え込んでいる。この動きは「本能寺の変」の三ケ月前のことである。

家康の陣営に引き継がれた武田の遺臣たち

◇穴山梅雪《あなやまばいせつ》

駿河において武田氏最前線の城の城将だった穴山梅雪は、家康に与することになり、武田家救済と家名存続の条件を呈している。

「本能寺の変」では家康と別行動をとり、通説では帰国途上の宇治山田で野武士と遭遇し死去したと伝わる。しかし、近年では家康によって切腹させられたというのが主流となっている。だが、家康が切腹を命じたとする確証資料は皆無であり、逆に、否定すべき事実が資料に見える。

◇武田信吉《のぶよし》

家康は幕府を開設すると、穴山梅雪との約束を守り、梅雪の嫡子に名跡を継がせている事と、その勝千代《かつちよ》が天正十五年（1587）に夭折《ようせつ》すると、梅雪の養女・お都摩《とま》（秋山夫人）に産ませた五男・万千代《まんちよ》の成人するのを待って、武田信吉と名乗らせ、佐竹氏に代わって水戸二十五万石に封じている。

◇広瀬左衛門景房《ひろせさえもんかげふさ》

家康は武田の遺臣七十四人を井伊直政に付けている。中でも広瀬景房は、甲州軍学の創始である小幡景憲《おばたかげのり》の義兄であり、山本勘助《やまもとかんすけ》の直弟子として信玄・勝頼に仕えている。

家康に召し出された景房は、小牧長久手の戦い・小田原北条氏征伐に従軍、千五百石を知行する。

関ヶ原の合戦には参戦することなく、上野高崎城の留守居役を務める。

武田の軍法は、広瀬を介して井伊家に伝えられており、赤備えの部隊は豊臣方からは、「赤鬼」の軍団として恐れられていた。

◇**芹沢信重**《せりざわのぶしげ》

徳川御三家・水戸藩草創期の功臣に、芹沢信重と称す武田の遺臣がいる。元は、穴山梅雪の重臣であるが、民生・財務に精通していたことから、水戸藩最初の城代家老となる。

御三家の一家、水戸藩創業期に武田の遺臣が行政手腕を発揮した初見である。

◇**成瀬正一**

三河松平氏に出仕後、武田氏に仕えていたが、再び家康の麾下に入る。徳川方奉行として功労をあげる。

◇成瀬正成《なるせまさなり》

駿府において家康の側近として仕えたのは武田の遺臣・成瀬隼人《はやと》正成である。江戸幕府初期の幕政に参与し、駿府入りした大御所家康の股肱《ここう》の一人となる。

慶長十二年（１６０７）将軍・徳川秀忠《ひでただ》の弟・義直《よしなお》が尾張藩主に封じると、付け家老を務め、犬山藩初代藩主を兼ねる。

◇大久保石見守長安《おおくぼいわみのかみながやす》

長安は土屋藤十郎《つちやとうじゅうろう》といい、父は大蔵大夫と称す信玄付属の猿楽師《さるがくし》であった。長安の兄・新之丞《しんのじょう》は士分の者であったが戦死している。

長安は武田家の勘定方として金山開発に当たっていたが、後に家康に仕え、財政手腕によって三河譜代・大久保忠隣の預かりとなって、姓を大久保に改めている。

大久保一族となった長安は、家康によって石見銀山・佐渡金山などの経営を任されることになる。

◇土屋忠直《つちやただなお》

武田勝頼の家臣・土屋昌恒《まさつね》は天正十年、甲斐に進攻した織田・徳川軍によって戦死している。昌恒の子・忠直は家康に仕え、久留里《くるり》藩主となっている。忠直の二男・数直《かずなお》は、土浦藩主となる。ちなみに、新井白石は久留里藩の家臣である。

◇**向井正綱**《むかいまさつな》

武田の遺臣・向井正重《まさしげ》の子で向井正綱は、家康に召し出されて俸禄二百俵で出仕している。長久手の合戦、小田原の役に活躍し、家康より二千石を与えられ船奉行となる。

大阪夏の陣の翌年、元和二年（１６１６）五月、江戸湾からの攻撃に備えるため、秀忠の命を受けた正綱の子・向井将監忠勝《むかいしょうげんただかつ》は、巨大戦艦「天下丸」を建造している。この船は、おそろしく大きな船で「日本無双の結構は日光山御宮とあたけ丸」とうたわれ、徳川初期には権威の象徴とされている。

後に「安宅丸《あたかまる》」と改め、堀田正俊《ほったまさよし》が大老となり、倹約の令を発した天和（徳川綱吉の初期）期まで、将軍家御用船として幕府は保持している。

◇武川衆《むかわしゅう》

武州《ぶしゅう》八王子千人同心、武川衆は、江戸幕府を守る重要な役割をしており、家康による甲州武士に対する信頼がなければ生まれなかった集団だったともいえる。この同心の頭（千人頭）には、山本勘助の従兄と伝わる山本忠房《ただふさ》がいた。

◇柳沢信俊《やなぎさわのぶとし》

武川衆の一人、柳沢信俊は甲府十五万石の大名となった柳沢吉保《よしやす》の祖父になる。

信俊は三方ケ原の合戦で徳川軍を敗退させ、家康を震え上がらせた武田軍の勇将として知られる。その後、武田氏滅亡にあたり家康の臣下に属し、信州上田城攻めでは武川衆と共に働き、真田氏の追撃を拒むなど、家康の感状《かんじょう》を受けている。

信俊の孫・柳沢吉保は上野館林《こうづけたてばやし》の宰相・徳川綱吉《つなよし》の小姓となり、綱吉が五代将軍に就くと、側用人として権勢を振るうことになる。

◇依田信蕃

信蕃は信州佐久郡の土豪として信玄に従属する豪勇である。軍功を重ねた信蕃は遠州二俣城の守備についていたが、遠州平定の家康軍に包囲されながらも堅守し、家康を閉口させた戦歴がある。

一節には、駿州田中城が陥落し、信長によって処刑されかけたのを家康が事前に処置して、二俣の奥地、小川の山中に匿《かくま》ったとされる。

家康の急飛脚で命を救われた信蕃は、以後、武田遺臣の臣従工作に協力している。

◇**岡部正綱《おかべまさつな》**

信玄に仕えた駿州清水城の城将・岡部正綱も家康に通じ、甲州入りして徳川帰属工作に協力している。

正綱の孫・宣勝《せんかつ》は、調略によって甲斐平定に尽力したことから、岸和田六万石の初代城主となる。

◇**家康に臣従した武田の遺臣・八百九十五名**

『壬午起請文《じんごきしょうもん》』とは「信玄親族衆《しんげんしんぞくしゅう》・譜代衆《ふだいしゅう》・惣家中衆《そうけなかしゅう》・家康様江被召招候時之起請《いえやすさまえめしかかえまねかれそうろうこれきしょう》」と題された文書である。

これは、武田の遺臣たちが、家康に忠誠を誓うものであるが、侍大将の駒井昌直《こまいまさなお》・今福昌常《いまふくまさつね》を代表として、すでに家康の奉行となった成瀬正一・日下部定好《くさかべさだよし》に提出している。その数は合わせて八百九十五名とされる。

短期間に武田の遺臣たちを帰属できたのは、家康の人徳にほかならないことを証明している。

七　光秀は家康に天下を託す

光秀に天下を制す野望なし

信長は甲州遠征から帰還すると、天正十年（1582）五月、神戸信孝に四国の長宗我部元親征伐を命じたが、敗者に対する信長の残虐さは異常であり、光秀は比叡山の焼き討ちや、伊勢長嶋一向一揆などの殺戮を見過ごすことは出来ないと考え、六月三日の四国討伐軍出兵の前日、信長の滞在する本能寺への急襲《きゅうしゅう》を決めている。

光秀が決起したのは、信長の権力を削ぐのが目的であり、天下を取るためではなかったと思われる。信長が天下を治めたならば、世の中の収まりがつかなくなると考え、平和国家を願う家康に後事を託したのは事実であろう。

光秀に天下を統一する野望があるならば、変後において三日も坂本に在陣する余裕はないからである。信長を自刃に追い込んだ後の光秀の行動からは、権力志向は見えてこないのである。従って、事変後は徳川家康にすべてを託したものと理解する。

家康に見られる天下取りのプロセス

家康は、光秀が「信長討ち」を果たしたとしても、天下を取れる保証はなく、まず、東国の施政権《しせいけん》を確立し、次に天下統一を目指そうとしたことになる。粗削《あらけず》りに天下を取ったとしても長く続くとは限らず、堅実《けんじつ》なかたちで統一を計ろうとした意図が見える。

もし家康が「本能寺の変」後に、天下を取ろうとしていたならば、直ちに軍を固め、徳川家譜代を中心にした精鋭部隊を以って上洛したであろう。当時の徳川軍は、織田方全軍合わせても引けを取らない大部隊であり、寄せ集めの羽柴軍をはるかに上回るものである。だが、鳴海に軍を留めたのは、明智光秀を庇護するためであるが、秀吉の軍勢と交戦する考えはなかったと思われる。

家康が本格的に天下取りに出たのは、天下分け目の戦となった「関ヶ原の合戦」に勝利した以降のことである。このときは、徳川正規軍を温存し、豊臣恩顧《おんこ》の武将たちにより勝利している。

徳川軍が二手に分かれて関ヶ原へ向かった理由として、真田昌幸《さなだまさゆき》と信繁《のぶしげ》の父子が大坂方（豊臣）の陣営に付いたからと通説では述べられているが、実際は、上田城を攻略する考えはなく、日数を調整したまでのことである。秀忠は本陣を小諸に置き、一部が上田城を攻撃したに過ぎない。何故かといえば、大阪方との一戦を控え、浪費は許されなかったからである。

古戦記や諸書には、徳川軍は難攻不落の上田城を攻めきれず敗退したとされるが、ならば、関ヶ原の合戦以後、真田氏は一死を報いるため、上田城を死守したかといえば、大坂城の陥落《かんらく》を見届けるまでもなく、あっさりと開城している。

山崎の合戦で明智軍は敗退するが、徳川軍が援軍を差し向ければ、戦況は違ったものとなった可能性がある。しかし、家康は信長の実行支配を終わらせることを望んでおり、光秀の庇護を重視したものと思われる。それは、秀吉が天下を制したとしても短命政権であることを見抜いたからであろう。

家康は徳川の勢力を楯に秀吉と話し合い、東国の施政権を手中に収めてから、じわりと天下統一を目指そうと考えていたのは事実である。

現に秀吉は天下を取ったというが、実際には西国の覇権を得たに過ぎず、家康は、東国の施政権を獲得している。従って、家康は「本能寺の変」によって、秀吉と天下を二分したといっても過言ではない。

「本能寺の変」の意義であるが、戦のない平和国家を築くため、光秀は家康の天下統一の先鞭をつけたことになる。

八　本能寺における信長の「是非に及ばず」の意味

家康暗殺の謀略を翻《ひるがえ》した光秀

最期を迎えた信長は、近習《きんじゅ》の森蘭丸《もりらんまる》から、「明智が者」と知らされ、「是非に及ばず」と信長は落ち着き払っていわれたが、謀叛である実行者が側近の光秀であることにも、驚きを見せなかったという。

この問題に対し、平成三十一年（2019）一月五日、テレビの「古館トーキング・ヒストリー「本能寺の変」」にゲスト出演した磯田道央氏は、信長の発した「是非に及ばず」とは、何を意味しているかの問いに、「しょうかない」「しゃーない」としか考えられないと述べている。

辞書によれば「仕方ない」と訳されているが、しかし、天下を目前にした信長が死を直前にして、意味もなく簡単に「しゃーない」などと云うであろうか。

「是非に及ばず」とは、確証のある深い思いが詰まって発した言葉であるのは間違いなく、何を意味しているか考察してみたい。

牛一が、信長の側女たちより聴き取りして書いたのが最期の言葉である。

信長の最期の言葉

「是は謀叛か、如何なる者の企てぞと、御諚のところに、森乱申す様に、明智が者と見え申し候と、言上候へば、是非に及ばずと、上意候」

「上意候」とあることから、信長が発した言葉であるが、「明智の者と見え申し候」とあり、謀叛が光秀であるのを知り、思い当たるところがあり、是か非か確かめる必要などないとしたのである。

それは、光秀に対して密室で「家康暗殺」を命じていたことや、長宗我部氏問題で光秀の取次役を解いたことに対して、勘の鋭い信長は、これらのことが瞬時に頭をよぎり、「是非に及ばず」と自然に出た言葉と考える

光秀は信長の仕打ちに対し、このまま信長に従属していては、何れ追放の憂き目となり、最後は命を絶たれる羽目となるのは、これまで仕えた佐久間信盛ら重臣たちの例を見ても明らかである。

手薄な本能寺は、光秀が家康の支援を得て蜂起《ほうき》するには絶好の好機とみたと考えられる。

九　二条御所から脱出した家康の家臣

フロイスによれば、親王が御所を出るにあたり、織田信忠が脱出しないよう馬・駕籠《かご》を禁じたという。そのため、親王たちは歩いて御所を出たという。

二条御所に籠る尾張刈谷城主・水野忠重《ただしげ》は、家康の身内にあたるが、信長が「家康暗殺」を謀ろうとしていることをすでに承知しており、信忠の監視役（目付）として付けていた可能性がある。そのため、忠重は光秀によって無事に救い出されている。

（注記）水野忠重は家康の生母・於大《おだい》の方の異母兄・水野信元の弟である。慶長五年の関ヶ原合戦前に、石田三成の与党・加々野江重政に刺殺《しさつ》される。

十　家康は甲斐の織田領に進攻

織田家の武将・河尻秀隆（美濃岩村城主）は、信長の嫡男・織田信忠付として、織田軍団副将であったが、武田の滅亡により、甲斐府中城主（現・山梨県甲府市）に任じていた。しかし、「本能寺の変」によって信長が死去するや、家康は武田の遺臣《いしん》を出仕させていた甲斐の織田領へ計略を進めている。

まず謀ったのは、家臣の本多信俊《ほんだのぶとし》を甲府に派遣し、河尻秀隆に美濃（岩村城）への帰還《きかん》を勧めている。その一方で、家康は岡部正綱を甲斐の下山（穴山領）に向かわせ、菅沼《すがぬま》城の普請《ふしん》を命じている。

武田の旧臣・穴山信君の急死により、穴山衆《あなやましゅう》を従属下に置き、もともと河尻秀隆の所領ではないことを理由に、織田領を排除する行動に出ている。

そのため、秀隆の没収所領を家康に従属した武田の遺臣たちに分け与えるため、六月十二日、曽根昌世を通じて知行安堵状《ちぎょうあんどじょう》を発給する。

秀隆は、家康の横領行為であると判断したが、六月十八日、家康に臣従した武田遺臣たちによって襲撃され、秀隆《ひでたか》は、岩窪において三井弥一郎《みついやいちろう》に打ち取られる。

これをきっかけに、家康の軍勢は一気に甲斐・信濃に進攻し、織田家の領地を奪い、徳川家は「三遠駿甲信《さんえんすんこうしん》」五ケ国を領す大大名へと飛躍を遂げている。

この流れからも、「本能寺の変」は家康にとって無関係ではなく、天下を制するための助走となったと考えている。

十一　織田領（甲斐・信濃）を横領した家康を何故、非難しないのか？

天下を目論んでいた織田信長が亡くなり、カリスマ性が途切れた瞬間から、織田方の軍事力は分散する方向に向かい、一丸となっていた織田軍団は急激に戦力を衰退しつつあったのは間違いない。

従って、事変後の清州会議では、家康の甲斐・信濃への進出については触れておらず、もし別格の徳川軍団が織田領を横領したことを騒ぎ立てたら、これまで織田方に与した国衆らは、家康の陣中に寝返る可能性すらあったのであろう。

この横領問題は歴史上大きな課題であるはずだが、研究者たちは、一次史料がないことから避けていた事実がある。しかし、思考力を働かせたならば見えてくるものがある。

現代史で例えるならば、沖縄返還の際に取り交わされた密約の存在などは、当時の段階では知ることも出来なかったが、後年になると別の史料から発覚している。

山崎の合戦で勝利した秀吉は、主導権を握ると六月二十七日、清州城で「清州会議」をおこなうが、これによって織田家内部での勢力争いがはじまる。

柴田勝家と秀吉との覇権争いが現実化し、家康が甲斐と信濃を横領している最中、織田一門の分散化がはじまっていたのである。

十二　家康による「本能寺の変」第二陣

家康はなぜ鳴海《なるみ》に軍を滞留《たいりゅう》させたか？

事変の起きた六月二日、家康は堺から岡崎へ急いで帰還している。本来ならば、同盟を結んでいる信長の弔い合戦に参戦しなくてはならないはずであるが、出陣したのは京都本能寺ではなく、信長が領有した甲斐・信濃の武田旧領の没収である。筆者はこれを「本能寺の変・第二陣」と称している。

山崎の合戦の報が告げられたのは六月十三日である。家康は、事変から十二日余り遅れた六月十四日、ようやく、浜松より尾張鳴海（現・愛知県名古屋市緑区）に在陣《ざいじん》している。『当代記』によれば、六月十五日、神戸信雄からの急信により、京都にて光秀は討死した旨の注進をうけるが、家康は、京都に向けて尾張津島まで二十キロ程軍を進めている。

この行動は何を意味するかといえば、光秀救護のためであろう。六月十三日から十五日までの行動記録はないが、家康によって光秀は庇護されたことになる。

光秀を討つつもりであれば、即刻、都に兵を進めたはずであり、討死したのであれば、鳴海に滞留する必要はなく撤退するはずである。明らかに、光秀庇護のためとしか考えられない。

徳川軍は安土への支援部隊を派遣

家康は鳴海に着陣《ちゃくじん》と同時に、安土への支援部隊を送っている。六月十四日、明智秀満は徳川の支援部隊に安土城を委《ゆだ》ね、二千の兵をもって坂本城へと移る。

家康は領国の三河に近い安土に、敵の軍事拠点が出来ることを脅威《きょうい》とし、伊賀者を束ねる服部半蔵《はっとりはんぞう》を派遣、安土城を放棄する場合には、火を放つよう命じている。

翌十五日、安土城天守は伊賀者によって炎上となり、役目を終えた伊賀者は、当日、鳴海において、家康より褒美として徳川家の家臣に採用されている。（『伊賀者山由緒並御陣御供書付《いがものゆいしょなみごじんごくうかきつけ》』）（『多聞院日記《たもんいんにっき》』）

十三　徳川軍はなぜ上洛しなかったか？

徳川精鋭部隊を上京させておれば羽柴軍を破ったのでは？

秀吉からの強い帰陣《きじん》要請が家康の許に届くが、浜松に帰陣せずに鳴海に駐留を続けている。この時点で、織田方から流された光秀の死亡説がデマであることを、服部正成《まさなり》の率いる伊賀同心《いがどうしん》によって確認されたものと推察する。

六月十九日、秀吉より弔い合戦が終結した旨の通知を受けながら、家康が鳴海に軍を留めたのは、間違いなく光秀の安否を見計らっていたものと思われる。（『吉村文書』）（『家忠日記』）

徳川軍が六月九日に京都に入洛しておれば、山崎の合戦で大勝利を得たのは間違いないが、長岡藤孝と筒井重慶の離反を、家康は想定していなかった可能性が強い。とはいえ、藤孝と重慶は中立に徹し、山崎の合戦には参戦していないのである。

もし、家康が参戦したならば織田方の軍団が一つにまとまり、「応仁の乱」ごとき終息不可能な戦乱の世が続くことになり、これは家康の本意ではないはずである。飽くまでも「信長討ち」であり、光秀が本懐を遂げた後、黒幕としての家康がなすべきは、光秀を庇護し、着実に泰平の世に変革することであったと思われる。

苦労人である家康にとって、年齢との戦いでもあるが、焦らず着実に天下取りに向かって進んでいたのは確かである。

第十八章

事変後の光秀

一　「信長討ち」終結後の明智軍

本能寺において信長を死に追いやり、二条新御所では織田家の後継者である信忠を討ち取り、本懐に要したのは約四時間とされる。

都南の勝竜寺城（現・京都府長岡市）には、防衛のため三沢秀次を配置しており、光秀の本隊は、当日のうちに居城である坂本に入る。（『惟任謀反記《これとうぼうへんき》』『兼見卿記』）

この日、光秀が西美濃の西尾光教に宛てた書状が『武家事紀』に収録されている。

西尾光教宛書状

「父子（信長・信忠）の悪逆、天下の妨げ、討ち果たし候。その表の儀御馳走候で、大垣の城あい済まさるべく候。委細山田喜兵衛尉申すべく候。恐々謹言」

これ等の書状は、近隣の諸国に次々に発給した筈である。また、織田方と対峙する戦国大名にも、協力を求める書簡を送ったことが、『小早川隆景宛書状文書』や『上杉景勝宛書状文書』などによって裏付けられている。

当日、光秀は近江の安土城を目指す予定であったが、織田方に与する当地の国衆（勢多城主）・山岡景隆《やまおかかげたか》が、瀬田川に架かる瀬田の唐橋を焼き、渡河に手間取り、安土進攻を諦める羽目となり坂本城に入っている。（『信長公記』）

安土城の占拠が遅れたことは、光秀にとっては大変な焦りとなったと思うが、時間のロスを埋めるため、近江の国衆は無論、若狭の国衆にも働きかけている。

特に、旧若狭守護・武田元明《もとあき》をはじめとする若狭国内の国衆たちが多く従属することになる。

近江でも、旧北近江半国守護家・京極高次や東浅井郡山本山城主・阿閉貞征《あつじさだゆき》らが光秀に与している。また、信長に痛めつけられた播磨の別所重棟《べっしょしげむね》が、丹波・播州の牢人とともに従うことになり、さらには、紀伊国の雑賀衆・根来宗《ねごろしゅう》・高野山僧兵が明智軍に呼応している。（『三原浅野家文書《みはらあさのけもんじょ》』）

『明智軍構成図』

一族衆

明智秀満・明智次右衛門（光忠《みつただ》）・妻木《つまき》一族

譜代衆
斉藤利三・溝尾庄兵衛・三宅藤兵衛《みやけとうべえ》・藤田伝五・池田織部《いけだおりべ》
進士作左衛門《しんしさくえもん》（貞連《さだつら》）・奥田宮内《おくだくない》

近江衆
猪飼昇負・磯谷久次《いそがいひさつぐ》・和田秀純《わだひでずみ》・林員清《はやしかずきよ》・山岡景佐《やまおかかげすけ》・馬場孫次郎《ばばまごじろう》・居初又次郎《いそめまたじろう》

山城衆
佐竹出羽守《さたけでわのかみ》・渡辺宮内少輔《わたなべくないしょうゆう》・山本対馬守《やまもとつしまのかみ》

丹波衆
荒木山城守（氏綱《うじつな》）・四王天但馬守《しおうてんたじまのかみ》・松田太郎左衛門《まつだたろうさえもん》・並河掃部《なみかわかもん》・荻野彦兵衛《おぎのひこべえ》・
野之口彦介《ののぐちひこすけ》・中沢又五郎《なかざわまたごろう》・小島《こじま》一族

旧幕府衆
伊勢貞興《いせさだおき》・御牧三左衛門尉《みまきさんざえもんのじょう》・諏訪飛騨守《すわひだのかみ》

二　事変当日の安土城

事変当日、信長急死の知らせは安土城へ

光秀の謀叛により信長の死去を知らされた安土城内では、山崎秀家が自分の屋敷を焼き、領地のある山崎へ帰還、明智軍に与するという思いがけないできごとが起きている。

二の丸留守居役の蒲生賢秀《がもうかたひで》は、織田家の者たちを伴い、居城の在る蒲生郡日野城（現・滋賀県日野町）に避難し、町奉行・木村高重《きむらたかしげ》が城を死守したという。（『信長公記』）

光秀の入城に抵抗した高重は、百々橋《どどばし》で一戦を交えるが討死となる。（『木村家譜』）

橋の修復が終わった五日に安土城に入った光秀は、残された金銀財宝を将兵に分け与えたと記録されている。（『イエズス会日本年報』）

安土城を占拠した光秀のもとに、近江の国衆や若狭の国衆が続々と参陣している。彼らたちは織田方の武将・丹羽長秀の居城・長浜城を攻略。佐和山城には、安土城留守居から明智軍に寝返った山崎片家が入っている。

七日には、誠仁《さねひと》親王の勅使として光秀と親しい吉田兼和（兼見）が安土に派遣される。このときの声明は、「京都の義、別儀なきよう、堅く申しつくべし」というものである。

光秀に贈られたのは緞子《どんす》一巻とされる。（『兼見卿記』）

三　光秀の再上洛

八日、安土城には明智秀満（光秀の娘婿）を残し、明智軍は河内・摂津方面に出撃するため山科・大津に在陣する。『兼見卿記』

翌日には京都へ向けて出陣し、吉田兼和が白川で迎えている。摂家・清華《せいが》など、多くの公家が神楽岡《かぐらおか》に集まったが、光秀は兼和に接見するつもりはないと云い、即刻帰すよう命じている。（『兼見卿記』）

光秀は天皇家への献上金として、兼和に銀子《ぎんす》五百枚を渡している。また、京都五山や大徳寺・妙心寺に夫々百枚ずつ、吉田神社に五十枚、兼和を介して寄進している。（『日々記《ひびき》』）

五山への銀子寄進については、斎藤利三が差配した形跡がある。五山宛ての下知状が残っており、銀子の記述は不詳だが、その要件が含まれていたと考えられる。

五山への寄進状

明日九日辰刻に御使僧お越しあるべく候、申し渡すべき事候、

南禅寺

天龍寺
相国寺
建仁寺
東福寺

光秀屋敷へ御出あるべく候也、
斎藤内蔵助
六月八日　利三（花押）
御役者中

なお、勝利を収めた光秀に接近するため、洛北の上賀茂社は献金している。『上賀茂社支出人詳細』には明智光秀・秀満・斉藤利三の名が見える。

上賀茂社支出人詳細
遣方
金伏二日　壱斗二升　御精進頭御祈祷料

同日　二百文　井上殿へ樽銭
三日　壱貫文　明智日向（光秀）殿へ
同日　二百文　同奏者へ
金伏四日　壱斗九升二合　おくり衆五人分よびあした
　　　壱貫文　安土まで　弥平二（明智秀満）殿へ
金伏　二斗四升　坂本へ両雑挙
金伏同日　壱斗三升二合　出立十一人、役者迄以□
六日　壱貫文　内蔵助（斉藤利三）方へ
同日　二百文　同奏者へ

四　敗退した光秀と利三

迷った末、秀吉に与した筒井順慶

六月十日、明智軍は下鳥羽より河内との境界にある洞ケ峠に在陣する。（『蓮成院記録《れんじょういんきろく》』）

光秀は家老・藤田伝五を郡山城に派遣し、光秀の組下に属す筒井順慶に合流するよう要請している。

当初、順慶は要請に応えるかたちで、京都へ援軍を向けていたが、突然、引き揚げていた。おそらく、羽柴秀吉が追討のため京へ向かっていることを察知し、曖昧な対応に終始していたものと考えられる。

『松井家譜所載文書』によれば、六月六日に姫路に着陣した羽柴軍は、秀吉の弟・秀長《ひでなが》の部下・杉藤七《すぎとうしち》に命じ、長岡藤孝の家老・松井康之に書状を発給し、毛利氏との和睦《わぼく》を伝えるとともに、九日には光秀討伐のため、姫路を出陣する旨を伝えている。

光秀は、秀吉と交戦するには、順慶との合流は欠かせないため、鳥羽街道を南下した洞ケ峠で、合流を期待したものと推察する。しかし、十一日、順慶は羽柴秀吉宛てに誓書を送り、大和国内の国衆を集め、血判による起請文を取り付けているのである。その背景には、やはり松井康之からの知らせを重視したと考えられる。(『多聞院日記』)

山﨑の合戦に明智軍はなぜ敗けたか?

当時の織田方の主力である羽柴軍は毛利と対立し、柴田勝家は北越で交戦中であることから、身動きが取れないと考えられていた。しかし、秀吉の西上は早く、十一日には播磨明石を過ぎ、兵庫に至っていたのである。

当然、明智軍は敵に備えるために近江・丹波の国衆を押さえると、大山崎から摂津への西国街道方面に向かい、淀城に入城して敵を防備するため普請をしている。

斉藤利三は洞ケ峠に留まっていたが、羽柴軍の着到を知り、十二日早朝、光秀に急使を送り、野戦を避けて坂本籠城を強く進言している。だが、十三日になると決戦の火蓋が切られたのである。

秀吉は先手をとることになるが、その背景には長岡藤孝の家老・松井康之による秀吉への内通があったことが解っている。(『松井家譜所載文書』)

斉藤利三は、女婿の柴山勝定《しばやまかつさだ》と共に近江国衆五千を従えて光秀が本陣を置く山崎表に急ぎ布陣するが、武運拙《ぶうんつたな》く敗退を余儀なくすることになる。

この戦況を小瀬甫庵は「斉藤内蔵助が諌に任せ、今日の合戦を止め、坂本に入り籠城すべし、軍の外むづかしく有るべし」とし、光秀は判断を誤ったとしている。

羽柴軍の経路であるが、尼崎より伊丹を通り、西国街道を進撃したと思われる。決戦の前日である十二日、四国討伐軍副将の丹羽長秀や摂津の池田恒興四千、高山重友《たかやましげとも》(右近)・

中川清秀《なかがわきよひで》ら五千が合流し、住吉に在陣していた信長の三男・織田信孝や蜂屋頼隆ら八千が駆けつけ、都合二万七千に膨れ上がった大軍は、三手に分かれて明智軍に攻撃を開始している。

三手の布陣

街道沿い――高山右近《たかやまうこん》・堀秀政、

淀川沿い――池田恒興・加藤光泰《みつやす》・木村定重《さだしげ》・中村一氏《かずうじ》

山之手――羽柴秀長・黒田孝高

これら三隊が進撃を開始するなか、明智軍は斉藤利三・柴田源左衛門尉《しばたげんざえもんのじょう》の他、近江衆の阿閉淡路守《あつじあわじのかみ》・後藤・多賀・久徳らが参戦。

山手には、松田太郎左衛門尉、さらには、丹羽衆・伊勢氏・諏訪氏ら山城衆が加わり、都合一万五千である。彼らは大山崎の東面に流れる小泉川を挟んで熾烈《しれつ》な戦いとなったが、秀吉方の優位に比べ、光秀の軍勢は、勇将といわれた秀満を安土に留めざるを得ず、期待した長岡藤孝が参戦に応じなかったことで、兵力の差からも劣勢であり、山崎の合戦で勝敗が決したことになる。

山崎表に着陣した羽柴軍総勢二万七千の大軍は、十三日夕刻、明智軍を撃退する。撤退した明智軍は勝竜寺城に籠るが、光秀は夜間に抜け出して坂本城へと向かったとされる。フロイスによれば、本能寺の事変後に摂津に軍をなぜ向けなかったか問うている。織田方の諸城を占拠し、諸大名から人質を取ることで、摂津の有力な国衆を従属することになれば、疲弊している羽柴軍の勢力を弱体させることになる。

フロイスが述べたように、羽柴軍は遠方より重い甲冑《かっちゅう》を纏《まと》い、行軍したことから疲労困《こん》憊《ぱい》であり、明智勢が摂津の武将たちを取り込んでおれば、軍勢においても勝利に結びついた可能性が非常に高くなったのは確かである。

場合によっては、中立の立場にいた高山右近の寝返りや、山崎の合戦に参戦していない重慶や藤孝が明智軍に与することもあり得たからである。

第七章

光秀は生きていた

一　落《お》ち武《む》者《しゃ》狩《が》りはなかった

通説によれば、山崎の合戦で敗れた光秀は勝竜寺城に本陣を置くが、包囲され困難とみた光秀は、手勢を従え、夜陰《やいん》にまぎれて抜け出し、本拠である坂本城へ逃走中、小栗栖《おぐりす》村（現・京都市伏見区）の竹林を縦列になって馬を進めていると、突然、落ち武者狩りに襲われ、竹槍で脇腹を刺された光秀は、落馬して亡くなったとされている。

だが、従っていた家臣たちが討たれたという話はない。家臣たちが前走することから、当然、落ち武者狩りと争いとなるであろうし、光秀も察知するはずである。また、鎧《よろい》の上から竹槍《たけやり》で突かれたぐらいで致命傷となるであろうか。さらには、家臣の溝尾茂朝《みぞおしげとも》が介錯《かいしゃく》し、その首を隠すために深田に埋めたというが、主君の首を護ることはあっても置き去りにして家臣だけが逃亡することはあり得ないことである。

一つの例をあげるならば、浪士組を結成した清川八郎《きよかわはちろう》が赤羽で暗殺されたが、急報を受けた山岡鉄舟は高橋泥舟《たかはしでいしゅう》らとともに、犯人らから首級《しゅきゅう》を取り返している。（『幕末維新備忘録』）

なお、隠すために埋めたものを、敵が簡単に探し当てるのは現実的に困難である。現在、光秀が落命したと言い伝えられる場所を「明智藪」と称されているが、伝承の域を越えておらず、落ち武者狩りはなかったものと考える。

二　秀吉が光秀の首級を晒《さら》したという嘘

六月十六日、秀吉の命により粟田口《あわたぐち》（現・東山区）に光秀の首を晒したと伝わるが、見物人が確認出来ないほど高い位置に晒し、明智一族討滅宣言をしたというのである。

ここで一つの疑問が生じるのである。深田に埋めた光秀の首であるならば、この時期であれば腐敗がすすみ、誰の首なのか判別がつかないはずである。従って、判別がつかない首を高い位置に晒したとするならば立証性は困難となり、光秀の首級とは考えにくいことになろう。

うがった見方をするならば、光秀の首を確認出来ないことから、深田に埋めたとする伝説を蔓延《はびこ》らせることで、死亡説を決定付けたとも考えられる。

これに対しては、小栗栖で亡くなったのは光秀の身代わりとなった荒木山城守行信《あらきやましろのかみいきのぶ》であるというのである。『荒木家文書』によれば、光秀に駆け寄り、「未だ最期に非ず、ここを一時逃れ、再起を御謀り給へ」といい、「われは、明智光秀なり」と叫び、影武者となって敵陣へ打って出たとされている。

（注記）荒木山城守は丹波八上城主・波多野秀治《はたのひではる》に仕えた武将であるが、「本能寺の変」では、光秀の先方衆として名が見える。（『明智軍記』）

秀吉としては、山崎の合戦で勝利したことで、落武者《おちむしゃ》となった光秀は逆賊であり、たとえ生きていたとしても再起はないと判断。光秀の偽首《にせくび》であろうが、晒すことで十分であったと推察する。

三　斉藤利三の最期

斉藤利三は山崎の決戦場を離脱すると、坂本城へと向かう途中、琵琶湖の畔の「かた田（堅田）の井貝」を頼っている。「かた田」とは、現在の大津市堅田であり、「井貝」とは、猪飼昇貞・秀貞《ひでさだ》父子のことである。特に秀貞は光秀より「秀」の一字を貰い受けた重臣の一人であり、信頼できる人物であったが、戦国の世のことであり裏切ることになる。

「堅田において伊加伊半左衛門《いかいはんざえもん》搦《から》め取る云々」とあるように、秀貞によって利三は捕らえられている。与同《よどう》であるべき秀貞は、利三を敵に引き出したことから手柄として、丹羽長秀の家臣に迎えられたが、もし、信長が生きておれば、寝返った者は何れ裏切るとして処刑されたであろう。

光秀は比叡山焼き討ちの後、信長より志賀郡の支配権を与えられているが、その中心地が堅田であった。そのため、利三は再起を期すため、坂本城に帰還する前に堅田の主な武将、猪飼昇貞・馬場孫二郎・居初又次郎・木戸十乗坊《きどじゅうぼう》・高島郡国衆《たかしまぐんくにしゅう》・林員清らに加勢を要請したものとみられる。

六月十七日、捕捉《ほそく》された利三は洛中を引きまわされ、無念にも六条河原で磔《はりつけ》の刑に処せられはするが、堅田で再起を期す行動に出た背景には、当然ながら、主の光秀が存命であったことを前提に考えるべきである。

（注記）江戸期の京都町奉行所与力・神沢杜口《かんざわとこう》は、「本能寺事変」を調査しているが、『翁草《おきなぐさ》』において、「光秀は、山崎の合戦後の時、ひそかに逃れ」と生存説を述べている。

四　家康の光秀庇護は存在したか？

断片的ではなく、体系的に考えて推論するならば、家康は敗軍の将となった光秀を救うため、間諜《かんちょう》の統領・服部半蔵正成《はんぞうまさなり》に命じ、伊賀者を使って比叡山まで無事に護衛した可能性が強い。

天正七年（1579）と天正九年（1581）の二度に渡って、信長は伊賀の国土を蹂《じゅう》躙《りん》しており、そのため、光秀が信長を討ち果たしたことから、伊賀者たちは恨みを晴らした恩人として歓迎している。

伊賀地方では、四月八日（釈迦の誕生日）に花祭りが行われるが、これは、シャクナゲやツツジを明智光秀に手向けるためであるという。

比叡山延暦寺も織田信長によって焼き討ちされ、多くの僧兵たちが犠牲となっていることから、その信長を謀叛によって殺害した光秀を懸命に護ろうとしたとみることができる。

その橋渡しをしたのは、前述した家康の家臣・木俣守勝であろう。その後、守勝は家康の許へ帰陣している。

五月十七日、安土での家康と光秀の密談は「信長討ち」を決定付ける重要なものであったと理解する。従って、後事を考えた家康は、安土を出て京都・堺へと遊覧する途にあたり、比叡山延暦寺に立ち寄り、庇護の要請をしたものと推察する。

「信長討ち」に成功した光秀は、山崎の合戦に敗退はするが、家康の支援を経て延暦寺に匿われたのは確かであろう。このとき、織田方と同盟を結ぶ家康は、軍を洛中に入れることはせず、鳴海において駐留を続けているが、駐留したのは山崎の合戦以後の六月十四日である。これは偏《ひとえ》に光秀の安否を見守っていたことを証明している。

光秀は比叡山に籠って業を重ね、名を「南光坊天海《なんこうぼうてんかい》」と改めており、驚くことに松禅寺《しょうぜんじ》境内に光秀が密《ひそ》かに寄進した石燈籠が現存している。寄進燈籠に刻まれた日付は、元和元年（1615）二月十七日とある。

これは、権力者によって曲げられた文書類（古文書）や、単なる逸話や伝承の類ではなく、光秀の生存を裏付ける重要資料である。光秀本人が豊臣政権の終焉《しゅうえん》を予測した端境期《はざかいき》に表記した俗名であり、光秀が生きていたことを証明するものである。

この年に大坂城は陥落《かんらく》し、豊臣氏は滅亡へと向かうが、この激変する時期に、天海が関ヶ原の合戦で家康の本陣にいたというのはデタラメなことではないであろう。おそらく、豊臣政権の終焉を予期した光秀こと天海が甲冑を身にまとい、参陣したものと考えている。

関ヶ原合戦図屏風
（関ヶ原町歴史民俗資料館提供）

南光坊
関ヶ原合戦図屏風（部分）

この姿を徳川陣営の重臣たちは承知していたはずである。

（注記）『関ヶ原合戦図屏風』には、光秀こと南光坊が、家康の本陣に馳せ参じていた様子が描かれている。

同年の五月八日、大坂城の落城によって豊臣氏は滅亡し、幕府を開いた家康が延暦寺緒堂の復興に寄与したのは、光秀＝天海を匿ったお礼とも考えられるが、天台宗僧侶となった光秀＝天海が、歴代の徳川将軍を動かしたものと考えてよい。

第八章

織田軍団の動向

一　京都近隣にいた織田方面軍

神戸信孝率いる四国討伐軍

織田信孝は住吉（現・大阪市住吉区）に在陣しており、副将・丹波長秀・蜂屋頼隆（岸和田在陣）・三好康長らも大阪に居たが、長宗我部元親征討の軍勢を四国へ向けて出航する直前の報という。

『イエズス会日本年報』によれば、信長自害の報を受けた信孝の軍兵は、大半が逃亡してしまったとされ、残兵を率いて向かった先は、敵の明智軍ではなく、大坂に居た津田信澄討伐である。

津田信澄は光秀の娘婿であり、父親は織田信長の弟・信勝（信行）である。弘治三年（１５５７）に父・信勝は謀叛の疑いがあるとして、信長によって殺害されている。そのため、父の仇を討った光秀に加担したとして、信孝の軍勢は信澄を討ち、その首を境の町に晒したという。（『多聞院日記』『イエズス会日本年間』）

組下の丹羽・蜂屋の兵は明智軍に劣るため、弔い合戦を挑むのを止めて逃亡したとされる。

二　畿外在陣の織田方面軍

北陸方面軍を率いる柴田勝家の動向

天正十年（１５８２）三月より越中に進攻した柴田勝家は、五月二十六日には松倉《まつくら》城を攻略している。本能寺の事変の翌日、魚津《うおづ》城を陥落させる。この戦には、佐々成政・前田利家・佐久間盛政らが与していた。（『佐野文書』・『佐々成政書状』）

事変の急報が届いたのは早くても六月四・五日とみられる。上杉景勝の軍勢は天神山《てんじんやま》城に集結していたが、急報をうけた柴田勝家は、直ちに撤退することを選んでいる。それは、信長の死によって織田家に動揺が起こり、中立を誓っていた全国の諸将たちが、反旗を翻す危惧を察したからである。

（注記）関東甲信越地方では、信長の死により、上杉・徳川・後北条による三つ巴の戦いが繰り広げられている。所謂《いわゆる》、「天正壬午《てんしょうじんご》の乱」である。

前田利家は魚津より船で能登の七尾へ引き上げており、佐々成政は富山城へ入り、佐久間盛政は加賀尾山へと引き、総大将の柴田勝家は、越前北庄に帰陣している。

勝家の組下である前田・佐々・佐久間らは、上杉景勝の失地回復を危惧し、領国を動こうとはしていなかったようである。(『小山武右衛門氏所蔵文書《こやまぶうえもんしょぞうもんじょ》』)

三　関東管領職に就いた滝川一益の動向

上野厩橋城《うまやばし》(現・群馬県前橋市)に在陣

甲州征伐の先鋒にあった滝川一益は、上野一国と信濃の内、佐久郡・小県郡の二郡を与えられ、関東管領の地位に就き、関東の経営にあたるため厩橋城にいたが、『石川忠総留書《いしかわただふさとめがき》』によれば、六月九日の夜に信長の死を知ったとされる。しかし、知らせが遅すぎる気がしてならない。

一益が関東管領として施政権を掌握したわけではなく、信長という強烈な個性に静かに国衆が従ったふりをしているだけである。逆に、一益も国衆たちを疑っていたものと思われる。

その実例として、「本能寺の変」に対する上野甘楽郡《こうずけかんらぐん》の国衆・富岡六郎四郎《とみおかろくろうしろう》からの問い合わせに対して、一益は無視したとされる。その背景には、信長の死を伝えることで傘下を離れる恐れがあったと思われる。(『富岡文書』)
さらに、小田原の北条氏は信長と講和を結んでいたが、「本能寺の変」を察知するや、手のひらを返すように、軍勢を上野へと進攻させている。
六月十九日には神流川《かんながわ》での北条軍と滝川一益の軍は激突しているが、上野国衆に戦意がなく、一益の軍勢は敗退せざるを得なくなり、壊滅的に厩橋城を捨てて国外へ脱出している。
ほとんど述べられていないが、神流川の合戦は「本能寺の変」後における織田軍団最初の戦の一例である。

四　織田軍団の分裂を齎した信忠の死

二条新御所籠城戦に挑む織田信忠

信長より家督を引き継ぎ、織田家当主に就いていた信忠は、事変を知るや直ぐにでも京都から脱出しておれば、逃げ切れたと思われる。

もし逃走していたならば、秀吉の天下は遠のき、老臣・柴田勝家らを軸にして、畿内に在陣する多くの織田家一門や直属の武将たちが駆けつけると考えられ、日本史は今とまったく違ったものとなっていたであろう。

事変の通報を受けた信忠は、本能寺へ向かおうとしたが、明智軍によって包囲されていたことから、妙覚寺《みょうかくじ》に隣接する誠仁親王《さねひとしんのう》の居所・二条新御所に籠ることとなる。

なぜ、洛中から脱出しなかったかといえば、信長の生死が把握できなかった事と、家督を継いだ織田家の威信を保つ意味から、織田源三郎信房《げんざぶろうのぶふさ》、側近の斉藤利治《としはる》、京都所司代・村井貞勝らと共に武士として、逃亡するのを避けたと考えられる。

信忠の死が秀吉と家康に天下運を齎《もたら》す

「信長討ち」に成功した光秀は、秀吉によって敗者とはなるが、一つの革命を齎したのは確かである。もし、織田家の当主・信忠が自害せずにいたならば、織田家の諸将たちの求心力は一丸となって信忠を支え、信長が成し得なかった天下取りを果たした可能性は強い。従って、秀吉は、忠実な老臣として生涯を終えたはずである。

家康についても、高齢であることを考えたならば、織田家の長期政権によって、江戸幕府を開くことは難しくなったと考えられる。秀吉と家康は光秀の謀叛によって、天下を治めることが叶ったといっても過言ではない。

（注記）信忠は、上泉信綱《かみいずみのぶつな》の高弟・疋田文五郎《ひきたぶんごろう》の弟子であり、天正五年閏七月十一日、新陰流《しんかげりゅう》の奥義を相伝している。

第九章

天海（光秀）と徳川家ゆかりの社寺

一　家康が南光坊天海を起用した謎に迫る

天海は桃山時代から江戸時代初期の天台宗の僧と記録され、出生地は不詳というのが通説だが、最近の諸書では、会津地方高田を出自とする説が有力となっている。しかし、会津の出自は、初代南光坊住持《じゅうじ》の随風《ずいふう》が同地方の出身であることから誤認されているのである。

何れにしても、天海は明智光秀の成り代わりであるのは間違いなく、家康の側近として重用されたのも事実である。

天海として、家康との初見は何時頃かといえば、前述したように、慶長五年（1600）七月十五日の関ヶ原合戦に参陣したときである。『関ヶ原合戦図屏風』には、家康本陣で武具纏《ぶぐまと》う南光の姿が見られる。そのときの武具は現存している。

当然ながら、明智光秀は天正十年（1582）五月十七日、家康と安土で密談しており、それ以前にも、織田家の重臣として、すでに家康とは何度も接見しているはずである。

ここで注目しなくてはならないのは、天海の出生地が不詳とされていることである。近世になると、徳川幕府正史編纂《へんさん》が進められ、家康の臣僚たちの先祖来歴《せんぞらいれき》は、幕府の正史である『徳川実記』や『三河物語』に見えて然るべきである。特に天海は家康の側近として徳川幕府開府以来重用された重要な人物である。「黒衣の宰相《さいしょう》」「黒衣の将軍」とまでいわれている。それらを考えたならば、豊臣政権下で出自を伏した天海こそ、光秀の成り代わりと考えるべきであろう。

一説には、「南光坊」の一字「光」は、光秀の「光」を付けたともいわれるが、これは間違いである。「南光坊」は延暦寺子院の一つとされ、初代南光坊住持は、会津高田を出自とする随風である。

大坂の陣で豊臣が滅亡すると、江戸幕府の開府を待ち望んでいたかのように突然、天海は表舞台に登場することになる。

結論を急ぐならば、家康のもとで庇護された光秀こそ天海であり、豊臣政権の弱体にともなって表舞台に姿を現したとしか考えられない。光秀は比叡山に籠ると、武門を捨て得度するが、三十三年目の慶長二十年二月七日、石灯籠に明智光秀と自らの名を刻み、これを最後に〝天海〟と称して、徳川政権に寄与することになる。

下野（日光市）・江戸（東京都）・近江（大津市）・武蔵川越市《むさしかわごえし》は、天海由来の場所であるが、特に注目すべきは、「家康と天海」・「天海と光秀」に関する痕跡が見られることである。何れにせよ、多くの地域で天海と光秀が同一人物であることを示している。

二　下野国《しもつけのくに》（現・栃木県日光市）

家康が光秀を庇護し、光秀が天海となった聖地

◯慶長十八年（1613）、天海は日光山貫主《にっこうざんかんしゅ》を拝命。本坊・光明院を再興する。

◯天海上人の墓は東照宮に接した輪王寺《りんのうじ》境内、常行堂《じょうぎょうどう》と法華堂《ほっけどう》の間を抜けて延命坂を上るとある。慈眼堂《じげんどう》は明智光秀を祀った京都の慈眼寺と共有するものである。

◯天海は明智氏であるとする由来から、いろは坂に「明智平」という地名が残されている。それに対して、漠然とした異論もあるが、火の無いところに煙は立たないわけであり、歴史学的にも地名は重要な史料であることを考慮しなくてはならない。

◯日光東照宮の陽明門《ようめいもん》と鐘楼《しょうろう》に、明智光秀の家紋である桔梗紋《ききょうもん》が見えるが、天海僧正《そうじょう》が光秀であることを意味するものである。

◯家康の死後、「東照大明神《とうしょうだいみょうじん》」とする動きに対して、天海は猛反対している。

秀吉を「豊国大明神」としたことや、短期間で滅亡したのを理由に、山王神道《さんのうしんとう》から発展させた山王一実神道《さんのういちじつしんとう》に基づいて「東照大権現《とうしょうだいごんげん》」とするよう提唱した。

○日光東照宮正門の守護神として左右に「武者像」が存在するが、右側の像は明智光秀とされ、左は娘婿の秀満といわれる。袴（佩楯《はいだて》）には、土岐明智家の家紋・裏桔梗紋が見られる。これは日光東照宮の座主《ざす》である天海僧正が成した明智光秀と秀満の残照《ざんしょう》と思われる。

日光東照宮正門武者像
（群馬郷土史研究所提供）

三　近江国《おうみのくに》（現・滋賀県大津市）

天海の痕跡が何故、光秀の故地・坂本に在るのか？

○近江坂本（現・大津市坂本）の西教寺《さいきょうじ》総門は、光秀が寄進したものである。当寺には、光秀と妻熙子の墓が存在するが、光秀の成り代わりである天海が墓を建造している。

当寺に接している日吉大社《ひよしたいしゃ》左隣には、天海が創建に関わった日吉東照宮と滋賀院《しがいん》が在る。天海上人は、明智光秀の所領であった坂本の整備に尽力する。この事象によっても天海が光秀であることを物語っている。
○「本能寺の変」以後、山崎の決戦に敗れた光秀は、身を隠すため延暦寺の仏門に入り、天海と号して修行を重ねることになる。
○光秀が山崎の合戦で落延びた比叡山・横河飯室谷《いむろだに》の禅林院《ぜんりんいん》の境内右後方に、現在は廃寺となっているが、長寿院《ちょうじゅいん》跡がある。穴太《あのう》積《づ》みの石垣が続く山道を少し進むと、不動堂《ふどうどう》があり、その庭に光秀が寄進した古い石燈籠《いしどうろう》が存在する。裏面には「奉寄進願主光秀慶長二十年二月十七日」と刻まれている。
これによって光秀が生存していたことが明らかとなる。従って、叡山にいた光秀こと天海が寄進したのに間違いない。
○信長の比叡山焼き討ち後、光秀は近江坂本を治めたことから、比叡山の僧侶たちのために庵室《あんしつ》を結んでいる。その縁によって光秀は比叡山に匿われ、天海上人として家康に仕える。

○比叡山には光秀が慶長二十年（1615）二月十七日に寄進した石燈籠の外、『比叡山文庫』の資料「横河堂舎並各坊世譜《よこかわどうしゃなみかくぼうせいふ》」長寿院の項には、比叡山で修業した光秀の足跡が残っており、生存していたことを裏付けるもので、光秀こそ天海その者である。

○『関ヶ原合戦屏風』には、「南光坊」が家康の本陣に見え、彼の甲冑が大坂城博物館に所蔵されているとのことである。天海はこの頃、延暦寺の僧兵を仕切る立場にあった可能性が強い。

四　和泉国（現・大阪府岸和田市）

山崎の合戦以後、光秀（天海）は隠棲《いんせい》していた

○明智光秀と天海僧正を結びつける寺・本徳寺《ほんとくじ》（現・大阪府岸和田市）住持・南国梵桂《なんごくぼんけい》は、明智光秀の長男・光慶とされる。光秀は山崎の合戦で苦戦を予期し、嫡男・光慶を知遇のある京都臨済宗妙心寺《りんざいしゅうみょうしんじ》の蘭秀宗薫《らんしゅうそうくん》の許へ秘かに匿わせている。

光慶は妙心寺の山内寺院において、蘭秀宗薫に指導をうけ、得度《とくど》して玄琳《げんりん》と称した。

その後、南国梵珪と名乗り、泉州岸和田に臨済宗塔頭・本徳寺を開山している。
○光秀の肖像画が本徳寺に存在し、そこには「放下般舟三昧去」とあるが、これは「仏門に入り、間もなくして去っていった」とする一文である。
○慶長八年（1603）、家康は征夷大将軍に任官となり徳川幕府が成立したが、岸和田の本徳寺に在る光秀の位牌の裏には「当寺開基慶長四巳亥」とあるように、慶長四年（1599）時点で明智光秀は生きていたことになる。後に天海と称し、家康の側近として仕える。
○本徳寺に残る光秀の位牌の戒名は「鳳岳院殿輝雲道琇大禅定門」であり、肖像画には「輝雲道琇禅定門肖像賛」とある。この中の一字「輝」と「琇」には、「光秀」の名が隠れている。

五　江戸《えど》（現・東京都）

天海が光秀の成り代わりであることを暗示

○慶長五年の関ヶ原の合戦に勝利した家康は、慶長八年（1603）、天海に命じて幕府の拠点を江戸の地とするが、天海は伊豆から下総《しもふさ》に至る地相を調べ、古代中国の陰陽五行説「四神相応」の考えをもとに適地を選び出している。

○光秀と天海を体系的に考察するならば、徳川家の祈願所・菩提寺として、代々将軍家の廟所《びょうしょ》となった上野寛永寺《かんえいじ》（現・台東区）は、明智光秀が籠った比叡山延暦寺の天台密教を、天海僧上と徳川二代将軍秀忠によって関東に創建したものである。
ちなみに、比叡山から見て東であることから、山号を東叡山《とうえいざん》と称し、天台宗関東総本山として、比叡山で修業した天海が、寛永二年（1625）に開山し、初代住持に就いている。

○天海僧上が主張した東照大権現は、浅草寺《せんそうじ》に祀る。

（注記）天海僧正と浅草寺の住持・忠豪《ちゅうごう》と親交があり、関ヶ原合戦に同道している。（『浅草寺文書』）

六　武蔵国《むさしのくに》（現・埼玉県川越市）

天海は光秀の故地・近江坂本より宮大工を派遣

○天海上人は、明智光秀の居城のあった近江坂本から宮大工を呼び寄せ、喜多院《きたいん》山門を築いていることが記録にある。

城主の国替えで、宮大工や商人・寺院までもが一緒に移動するケースが多いが、伊勢松坂城主・蒲生氏郷《がもううじさと》が会津若松に転封《てんぽう》の際には、日野商人（伊勢商人）が氏郷とともに移動し、城下の町割りをしたのもその一例である。

越前大野城主・金森長親《かなもりながちか》は飛騨高山城主に国替えとなるが、宮大工を引き連れて移封している。このように、城主の国替えに商人や宮大工が従うケースが多い。しかし、近江坂本は天海にとってはゆかりのない地であることから、宮大工を招いたとなれば、明智光秀の成り代わりとしか考えられない。

天海の残照

○喜多院山門の前には、天海上人の立派な像が現存している。

○慶長四年（１５９９）、天海上人は寺号・無量寿寺《むりょうじゅじ》を喜多院と改め、第二十七世住持となるが、現在も天海上人を祀る慈眼堂が存在し、天海の木像が安置されている。

七　武蔵国（現・埼玉県秩父市）

天海僧正は明智光秀の再来か？

○秩父札所三十四所の九番は明智寺、十三番は慈眼寺と称す。以前は、明智寺を明地正観音といい、慈眼寺は壇《だん》の下《した》と称されていた。それを改めたのは天海上人である。

○家康が命じた秩父神社には、武士と僧侶の木像が安置されているが、両方の像には桔梗紋がついており、僧侶は天海上人であり、武士は光秀と考えられる。天海が明智光秀の再来であると思えるのは、光秀の木像と位牌のある京都滋眼寺の寺号と、天海の諡号《しごう》が同一ということである。

○光秀は山崎で敗れた後、坂本へ向かう途中で落ち武者狩りに逢い、小栗栖の藪で落命したとされるが、確実なことは不明である。生き延びて、比叡山延暦寺に辿りつき身を隠したとすれば、天海と光秀は同一人物である可能性が濃厚となる。それは、比叡山・松禅寺に、光秀の寄進した石燈籠が現在もあるからである。寄進した日付は慶長二十年（1615）であることから、小栗栖の藪で落命しておれば、すでに寄進は不可能となるわけである。従って、光秀は落延びて天海と名を改め、家康のもとで幕政にかかわったと考えるのが自然であろう。

世良田東照宮
（群馬郷土史研究所提供）

八　上野国《こうずけのくに》（現・群馬県太田市尾島町）

天海（光秀）は、世良田長楽寺《せらだちょうらくじ》を天台宗に改宗

○天海僧正は徳川家の先祖と伝わる新田氏の菩提寺・上野世良田長楽寺の住持となり、徳川幕府より寺領千石の朱印状を受ける。また、それまでの臨済宗を改宗して天台宗に改めている。末寺七百余りの大寺院である。
○天海僧正は日光より東照宮を勧請《かんじょう》し、長楽寺境内に世良田東照宮を創建する。

九　美濃国《みののくに》（現・岐阜県関ケ原町）

天海（光秀）は関ヶ原合戦に参陣していた

○慶長五年（１６００）九月十五日、徳川方と豊臣方の天下分け目の決戦が、関ヶ原ではじまったが、天海はこの戦に参陣している。
徳川家康の本陣を描いた屏風絵（関ヶ原町歴史資料館蔵）には、天海としてはっきりと描かれている。おそらく、家康の庇護に報いるためであろうか、あるいは、山﨑の合戦で戦死した者への弔いのためなのか、比叡山より僧兵を引き連れて馳せ参じたものと考えられる。

十　常陸国《ひたちのくに》（現・茨城県稲敷市江戸崎町）

天海と江戸崎不動院《えどさきふどういん》

○天正十七年（１５８９）、天海僧正は関東に下り、喜多院住持で在ったが、江戸崎城主・土岐景秀《かげひで》と天海（光秀）は同祖であることから、江戸崎不動院第八世を兼任する。すなわち、土岐氏を本姓とする光秀こそ天海である。

十一　相模国《さがみのくに》（現・神奈川県小田原市）

天海（光秀）は徳川陣営に参戦

○天海は浅草寺の住持・忠豪とともに小田原の北条攻めに参戦し、徳川家康の陣幕に見えている。後に家康は、秀吉によって関東へ国替えとなるが、豊臣政権が滅び、徳川幕府が開かれると、家康は天海の助言を受け入れて江戸の設計を任す。（『浅草寺文書』）

十二　山城国《やましろのくに》（現・京都市）

光秀と天海は同一人物であった

○慈眼大師の諡号をもつ天海僧正の廟所・慈眼堂が、日光輪王寺境内に存在するが、一方では、京都府桑田郡京北周山町に、明智光秀を祀った慈眼寺が存在する。これは何を意味するかといえば、光秀と天海は同一人物であることを示す何物でもない。

第十章

斉藤利三の娘
福(春日局)と家康

一　斎藤福と徳川家康

家康の養女となった福《ふく》

斉藤福は明智光秀の重臣・斉藤利三の居城・黒井城下の下館《しもだて》で生れる。「本能寺の変」後に、母方の実家である稲葉家に引き取られ、伯父・稲葉重道《しげみち》の養女となるが、家康に見いだされ、徳川家光《いえみつ》の乳母となったという。

但し、『徳川実記』には、福は明智光秀の妹の子といわれているが、光秀の父・光綱《みつつな》と斉藤利三の父・利賢とは姻戚なのは確かである。さらには、家康の娘とした仮説もあるが、そうなると稲葉重道の養女ではなく、家康の養女という可能性が強い。

もし、福が家康の養女であるならば、光秀の姻戚になる斉藤利三の娘・福を家康が養女に迎えた信憑性は強くなる。

（注記）　家康は豊臣方の捜索から護《まも》るため、斉藤利三の娘・福を養女とし庇護した可能性が強い。家康は養女を多く抱えており、本多忠勝の娘・小松姫《こまつひめ》も養女の一人。関ヶ原の合戦で、敵方（豊臣方）に付いた真田昌幸の嫡男で信繁（幸村）の兄・真田信之（沼田城主）が、徳川方に付いたことから、家康は小松姫を嫁がせた例もある。

従って、関ヶ原の戦いで小早川秀秋《ひであき》の家臣・稲葉正成《まさなり》は、主君を説得して徳川方に寝返らせているが、その功労から、家康の養女・福を正成の後妻として、嫁がせたとしたら辻褄《つじつま》が合うことになる。

家康は関ヶ原の合戦前後、重臣たちの娘を養女として迎えた事例は多々あり、外様大名を繋《つな》ぎとめておくため嫁がせ、姻戚関係を結んでいる。家康が養女に迎えたのは十八人とされる。

主な家康の養女

○本多忠勝の娘・小松姫（家康の養女）　真田信之の正妻
○松平康元《まつだいらやすとも》の娘・満天姫《まてひめ》（家康の養女）　津軽信枚《つがるのぶひら》の正妻
○水野忠重《みずのただしげ》の娘・清浄院《しょうじょういん》（家康の養女）　加藤清正《かとうきよまさ》の妻
○小笠原秀政《おがさわらひでまさ》の娘・万姫《まんひめ》（家康の養女）　蜂須賀至鎮《はちすかよししげ》の妻
○保科正直《ほしなまさなお》の娘・栄姫《えいひめ》（家康の養女）　黒田長政《くろだながまさ》の妻

二　将軍・秀忠VS大御所・家康による将軍継嗣《けいし》問題

福は竹千代の乳母なのか生母か？

斉藤利三の娘（光秀の姪《めい》）である福は、家康の命によって稲葉正成と離婚させられ、慶長九年（１６０４）、秀忠の嫡子・竹千代の乳母となったという。

慶長十年（１６０５）、家康は秀忠に将軍職を譲り、自らは江戸を去り、駿府において大御所となる。

通説では慶長九年七月十七日、秀忠とお江《ごう》の間に、二男・竹千代（家光）が誕生。翌年には、三男・国松《くにまつ》（忠長《ただなが》）が生まれたとある。しかし、資料を検証すると竹千代は「お江」と秀忠のお子でないことがわかった。

秀忠の長男・長丸《ちょうまる》は早世し、福と稲葉正成との間に生れた息子・正勝は、元和九年（１６２３）、家康によって老中に就任。寛永九年（１６３２）、相模小田原城主に就いている。二代将軍・秀忠は国松を溺愛《できあい》しており、竹千代（後の家光）は廃嫡《はいちゃく》の危機に直面することになるが、福は、家康に実情を話したところ、「長幼の序」を明確とし、徳川三代将軍に竹千代を就けるよう命じている。なお、家康の『神君御文』には、竹千代（家光）の生母は福（春日局）としている。

江戸城徳川将軍家の蔵書を保管する紅葉山文庫に由来する『松のさかえ』の中に、『東照宮御文の写し』の末尾には、以下のような記述がある。

『東照宮御文写し』

秀忠公御嫡男　竹千代君　御腹　春日局

　三世将軍家光公也　左大臣

同御二男　国松君　御腹　御台所　駿河大納言忠長公也　従二位

ここに記されているように、「御腹」は春日局（福）とされ、福が生母であることを示している。しかし疑問が残るのは、将軍秀忠の子としたことであるが、家康の養女という可能性が濃い。

喜多院には「家光誕生の間」と呼ばれる重要な客殿が残っており、さらには、「春日局化粧の間」と呼ばれる書院も現存する。これによって、福が家光の生母であることは間違いなさそうであるが、それに対しての異論もある。

福田千鶴《ふくだちづる》氏は『春日局』（ミネルヴァ書房）において、このように論述している。

「家光が誕生したのは江戸城西の丸とされている。これが正しければ、西の丸は寛永十一年（１６３４）閏七月二十三日に全焼しており、このときに「家光誕生の間」も焼失したはずである。したがって、喜多院に現存する建造物をもって家光の母が福であることの傍証とはなりえない」

江戸城西の丸は確かに炎上しているが、全焼したかはさだかではない。また、家光が誕生したのは慶長九年（１６０４）八月十二日である。西の丸が炎上したのは三十年後のことであり、福田氏の論述をすぐさま決めつけることはできない。

天海が喜多院の住持に就いたのは慶長四年であることから類推するならば、老朽化した西の丸御殿の建て替えにともない、天海が「家光誕生の間」を喜多院に移築したとみるのが自然であろう。

『神君家康公御道文』

「竹千代君御腹春日局三世将軍家光公也左大臣」

ここにも竹千代は福（春日局）の子であると明記している。

徳川家の史料を検証しても、竹千代（家光）の出生にお江が関わっていないのは明白であり、家康の実子または養女の可能性は濃厚となる。その理由を明記して置きたい。

・将軍秀忠とお江は、竹千代の受胎から二百六十六日後の出産の時期は、江戸城に居た。

・将軍のお子となれば、大奥で出産するが、竹千代は京都紅葉山御殿で生れる。

・慶長八年十月頃、家康と福は京都に滞在しており、翌年七月十七日に出産している。

・福と稲葉正成を離婚させた家康は、正成と福の間に生れた正勝を老中に登用しているように、家康は福に横恋慕したのではなく、政略的思惑があったものと考えられる。

（注記）家康と竹千代（三代将軍家光）のゆかりある京都紅葉山は、毎年四月十七日の家康忌日《きにち》には、将軍の参詣があり、家康の法要に雅楽《ががく》を奏したのが、紅葉山楽所の始まりとされている。歴代将軍の廟が設けられ御霊屋《みたまや》と称す。

家光の三代将軍任官

大阪夏の陣が集結し、天下統一を果たした家康は、秀忠に将軍の地位を譲り、家康は駿府城に入り、大御所として二元政治が行なわれた。

家康はなぜ、将軍である秀忠の希望に反して竹千代を将軍の後継者に決めたのか。実は、秀忠の正妻・お江は、織田信長の血をひく年上の恐妻家とされ、家康は、お江の子を将軍の座に就かせるのを許せなかったようである。とはいえ、秀忠としては実子・国松（忠長）を次期将軍に継がせようとするのは親心であり、お江と福とのお世継ぎ問題で嫌悪な確執が生まれたことになる。

家康は、お江の子を将軍にするのを避けるため、明智光秀に縁のある福に、お子を産ませたものと推察する。これほど頑《かたく》なに家康の根底にあるのは、秀忠の正妻・お江にある。

お江は小谷城主・浅井長政とお市の方の間に生れている。お市は織田信長の娘であるが、姉川《あねがわ》の合戦で長政は信長と戦い、敗れて自刃している。

お市とお江ら三人の姉妹は信長のもとへ引き取られるが、「本能寺の変」での混乱の末、母・お市は柴田勝家に再嫁している。しかし、勝家は羽柴秀吉と敵対し、賤ケ岳《しずがたけ》の戦いで敗れると、越前北ノ庄でお市は勝家と共に自刃する。

残されたお江は佐治一成《さじかずなり》に嫁ぐことになり、姉の茶々《ちゃちゃ》は秀吉の側室（淀殿《よどどの》）となる。二女の初は京極高次の正室に就いている。だが、お江は秀吉の命で離婚させられ、秀吉の姉の子・小吉秀勝《しょうきちひでかず》に再嫁する。「文禄の役」で朝鮮半島に出陣した秀勝であったが病死している。

秀吉は政略的思惑から、徳川秀忠にお江を嫁がせることになる。その際に秀吉は「江戸に与えるのだから江与《えよ》と名乗るがよい」と述べたという。

家康はこれに対して、江戸を与えるとは何事かと怒り、「決して男子が誕生しても、将軍の世継ぎはさせない」と怒りを込めて秀忠に述べたという。

将軍継嗣の決定については、『春日局譜略』に以下のように記されている。それによると、福が駿府の家康に竹千代のことを訴えたところ、家康は近く江戸に出向いて処置をする旨を述べたとされ、その後、家康は江戸城に赴《おもむ》き、家光を将軍にする意向を秀忠に伝えたという。

三　将軍・家光と春日局による権勢

政治家としての春日局

大御所の秀忠が没したのは寛永九年（1632）正月二十四日である。秀忠の死により、将軍家光の親政が本格的に動き出したことになる。また、御台所の鷹司孝子《たかつかさたかこ》が病気であることから、春日局が江戸城の表・奥の総女中を束ねる立場に就くことになる。

『江戸幕府日記』によれば、寛永十年七月九日、春日局は生御霊《いきみたま》の祝儀《しゅうぎ》を、一同で饗応する儀式を企画している。これは、家光の息災《そくさい》を祝い、老中らと共に饗応する儀式である。この特別な儀式は、江戸城表における役割として、春日局が没する寛永二十年まで続けられた。

さらに、江戸に参府した証人（大名の人質）の女性らすべてを取り扱い、交替の際には自ら対面して処理した。この取り扱いは、本来は御台所の果たすべき役割である。（『徳川実記』）

春日局は江戸城外に複数の屋敷を所有

寛永九年の『武州豊嶋郡江戸庄図《ぶしゅうとしまごおりえどしょうず》』には、五ケ所に春日局の屋敷が見える。

【北の丸屋敷】現在の千代田区。

【神田の屋敷】現在の千代田区神田。

寛永十四年九月十四日、神田の本屋敷に家光の御成りがあったという。（『寛政譜《かんせいふ》』）

【本郷の屋敷】現在の文京区春日町一帯。

当屋敷は奉公人三十人を置くための住居とされている。

【大久保亭】現在の新宿区北新宿一丁目。

大久保亭に尾張大納言《おわりだいなごん》・徳川義直と水戸中納言《みとちゅうなごん》・徳川頼房《よりふさ》を招いて饗応する。

【浅草の屋敷】現在の台東区浅草一帯。

多くの屋敷を江戸城外に保持しているが、一には、江戸城奥に招き入れるわけにはいかないことで、大名との取次の場としている。二つ目は、家臣を抱えておく屋敷としての必要性があったのと、将軍家光をはじめ、御三家などの饗応の場としたことである。

三つ目に、諸大名の内願《ないがん》を聴き入れ、必要とあれば将軍家光に伝えるための場所でもある。そのため、老中たちの権勢をふるう政治的存在へと押し上げている。(『江戸幕府の制度と伝達文書』)

第十一章

「光秀生存説」を示す論理的帰結

一　南光坊天海と明智光秀は同一人物か？

比叡山の寺院に遺《のこ》る南光坊天海と明智光秀の痕跡

光秀は山崎の合戦後、間もなくして落ち武者狩りに遭遇し、小栗栖村（現・京都市伏見区）で襲われて自害したとされているが、第七章で示すとおり、実証史学の点からも疑問である。

本書では、点在する遺蹟や文書資料を時系列に繋《つな》げることで、光秀は事変後も生きていたと推考する。

敗軍の将となった光秀ではあるが、お供の兵も同道していたとみるのが自然である。江戸中期の京都町奉行所与力・神沢杜口が調べて書き綴った『翁草』には、小栗栖で亡くなったのは光秀の影武者・荒木山城守行信が、三宅庄兵衛《みやけしょうへえ》・比田帯刀《ひだたてわき》・藤田伝吾《ふじたでんご》・津田《つだ》与三郎《よさぶろう》・進士作右衛門・関田八郎《せきたはちろう》らを引き連れ、敵中に打ち入って最期を遂げたと記している。

光秀は一時、美濃に逃げ延びたようであるが、これについての顛末《てんまつ》は、古文書によれば「光秀隠住古屋敷中洞村西洞」と詳しく記されている。なお、関連資料として『美濃志』

『明智旧稿実録《あけちきゅうこうじつろく》』にも記載がある。

光秀は、荒木山城守行信の身代わりによって九死に一生を得ることになるが、伝承によれば、西教寺の塔頭に雲水を訪ね、光秀と親交のあった比叡山横河飯室谷の禅林院住職・慈忍《じにん》和尚に案内を願い、無事に保護を受けたという。

その後、光秀は長寿院において得度し、法名を是春《これはる》（光秀）に改め、「天台教学」の研鑽《けんさん》の修行に入る。さらに、比叡山山麓に位置する南光坊住職・随風は会津を出自としていたが亡くなり、空き坊となった南光坊に、光秀は僧名を変え、是春から天海として入坊している。

関ヶ原合戦図屏風の一部「南光坊」
（群馬郷土史研究所提供）

（注記）南光坊天海は会津の出自という誤った仮説のもとになったのは、南光坊の前住持・随風が会津の出身であることによるとみられる。天海が修行した比叡山東塔・南光坊には碑が建立されている。正面には「慈眼大師天海大僧正住坊址」とあり、側面に「天海大僧正三百五十回忌法要記念」と刻まれている。

豊臣政権の末期となった関ヶ原の合戦で天海（光秀）は家康の陣中に駆けつけており、この時すでに、南光坊と改めていたことから、比叡山での業を終えていたものと思われる。つまり、光秀は亡くなって居らず天海その者である。

光秀が逃亡の際、世話になった禅林院境内の仏殿右後方に、現在は廃寺となった長寿院跡が在る。その石垣の山道を行くと不動堂の庭に古い石燈籠が存在しているが、それは、光秀が世話になったので寄進した燈籠と言う。

禅林院や長寿院は、前述したように光秀が得度する最初の寺院であり、その場所に寄進燈籠が存在することは実証史学の点からも非常に大きな発見であろう。

（注記）『堂舎《どうしゃ》および各坊世譜《かくぼうせいふ》』の中で、飯室谷「長寿院」記載文に「第二世法印権大僧都是春」とあるが、長寿院二代目住持・是春法印《これはるほういん》とは「光秀」のことである。

石燈籠の裏には、「奉寄進　願主光秀　慶長二十年二月十七日」と刻まれており、少なくとも、身を隠していた光秀は生きていた証となる。特に、この寄進時期と豊臣政権終焉の時期が重なることにも注視しなくてはならない。

明智光秀が天海僧正であることを日光山は暗示している

日光東照宮正門の守護神として、右に明智光秀像、左側には光秀の娘婿・明智秀満像が存在している。これは、日光東照宮の座主である天海＝光秀が、随身像《ずいじんぞう》となって家康を御守りしていることを暗示したものである。この随身像が光秀と秀満であることを明智の家紋「桔梗紋」が証明している。

日光明智平
（群馬郷土史研究所提供）

日光山とは日光寺社群を取り巻く男体山《なんたいさん》・女峰山《にょほうさん》・太郎山《たろうさん》の三山を総称しており、輪王寺の山号である。その日光山いろは坂には明智平と言われる地名があり、これも、天海によって暗示されたものである。苗字を地名とすることは多々あるが、この地域に明智を名乗る人は存在していないことから、地名そのものが生存説を裏付ける史料と言ってよい。

現在は、明智平展望台まで明智平ロープウェイで三分とされる一大観光スポットとなっている。

光秀の故地《こち》・近江坂本に天海僧正の関連性が見える

天台宗盛安寺《せいあんじ》の明智光秀を祀る五輪塔の側に、天海僧正が建立した大五輪塔が存在する。これは何を意味するかと言えば供養碑ではなく、天海が建立した鎮魂碑である。そのことを如実に示したのは、慰霊の正面に刻まれた「交月安意」という文言の意味にある。

この鎮魂碑を眺めていると、坂本落城で散華《さんげ》した一族や郎党・兵士を忍ぶことができ、平穏なやすらぎの交錯を感じるということである。おそらく、天海＝光秀が、家臣たちを想い建立したとみられる。

光秀の故地・坂本に天海の廟所・慈眼堂が存在することは、天海が光秀である重要な根拠となる。

天海の呼び名は「慈眼大師」だが、京都府北桑田郡京北町周山に在る古刹《こさつ》・慈眼寺釈迦堂に、明智光秀の位牌と木像が安置されているが、この地は光秀の居城（周山城《しゅうざんじょう》）が存在した場所である。光秀のゆかりの寺名が天海の法名となったところにも、同一人物であることを色濃く示している。

「本能寺の変」から三十三年経過した元和元年（1615）、延暦寺に世話になった天海＝光秀は、御礼として、延暦寺本坊・滋賀院《しがいん》を坂本の地に開基している。

他の地域にも散在する光秀と天海の痕跡

日光の輪王寺境内には「慈眼堂《じげんどう》」が存在しているが、これは、徳川家光が天海僧正の死後「慈眼堂」を建立し、天皇によって「慈眼大師」の諡号を送っている。さらに、家光は川越の喜多院と大津坂本にも「慈眼堂」を建立している。特に、近江坂本の地は光秀の領国であり、そこに、天海の「慈眼堂」と同一のものが造営されたと言うことは、何を意味しているかと言えば、すべて家光によって創建されていることから、天海と光秀が同一人物であることを間接的に示したものである。

天海の慈眼堂と光秀の慈眼寺から、明智光秀と天海僧正は同一人物であることは間違いなく、早い段階で概念として成立していたことになる。特に、福を生母とする将軍・家光が、光秀の居城のあった坂本に「慈眼堂」を建立したことは証左《しょうさ》に値するものである。

二　世界観が一致する光秀と家康の事象

比叡山延暦寺の再興と東叡山寛永寺の開創

明智光秀は比叡山に逃れ、得度すると転生して南光坊天海と称したが、関ヶ原の合戦以降、徳川家康の側近として江戸幕府の整備に輝かしい功績を残している。

その手始めとして、天台宗比叡山延暦寺を江戸に置き換えるため、元和八年（1622）、天海は江戸城の鬼門《きもん》にあたる東北（丑寅《うしとら》）の方向に新寺建立をするよう、将軍・徳川秀忠に具申《ぐしん》している。

秀忠は翌年、五万両の創設資金を与え、同年七月、三代将軍に任官した徳川家光によって、寛永二年（1625）、高輪御殿を移築して寛永寺本坊としている。

山号を東叡山と称すが、これは、天海が過ごした比叡山に由来するものである。また、延暦寺が年号を取って寺号としたように、寛永寺も年号を使用している。つまり、天海（光秀）が拘るのは、比叡山に籠り得度して南光坊天海となった証でもある。

天台宗関東総本山・寛永寺の開基《かいき》は徳川家光であり、開山《かいさん》したのは天海僧正であるが、同時並行的に、天海（光秀）と家光は比叡山の復興をすすめている。

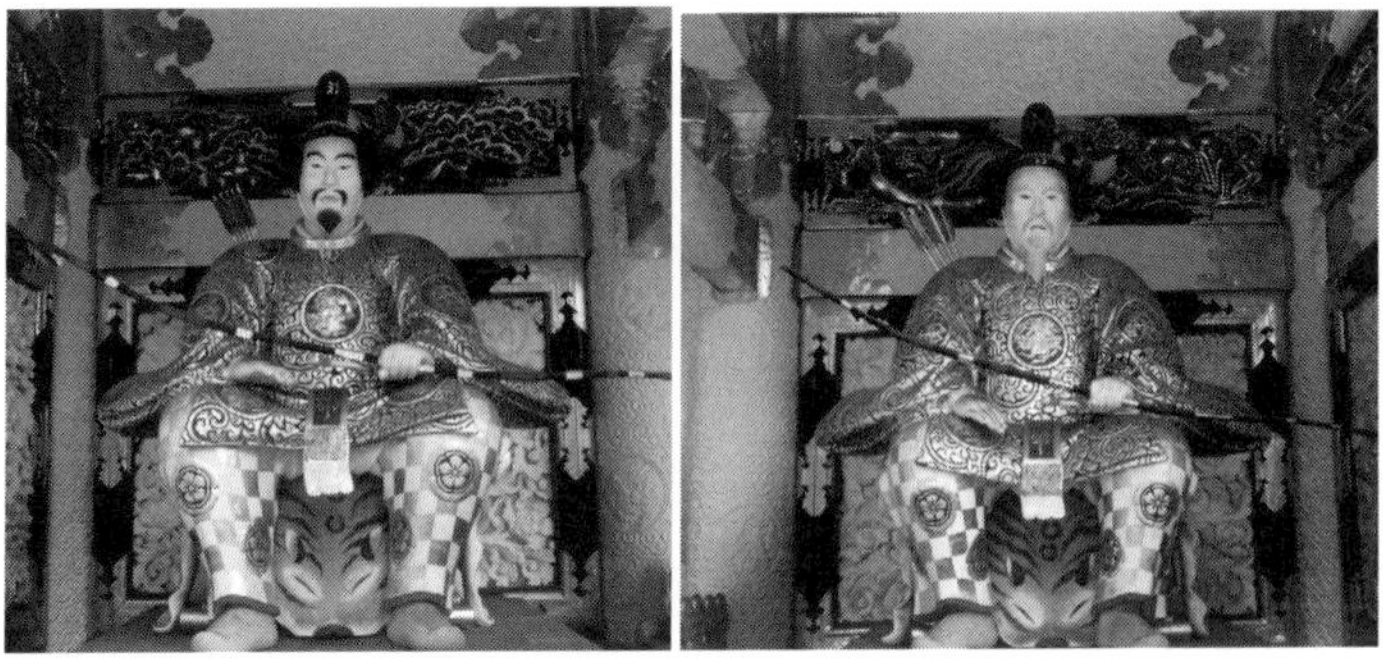

日光東照宮正門の明智光秀像（右）と明智秀満（左）
（群馬郷土史研究所提供）

寛永期に造営された根本中堂・大講堂・文殊楼《もんじゅろう》などの主要な建物や、浄土院（最澄の霊廟《れいびょう》）・戒壇院などの堂舎は、現在も伽藍《がらん》として残されている。

日光東照宮正門に鎮座する明智光秀の武者像

日光東照宮正門（陽明門）には二基の「武者像」（守護神）が鎮座している。この武者像は寺院に見られる「仁王像」に等しいものであるが、日光山貫主であり、日光東照宮最高権力者の地位にあった天海大僧正は、神君家康公の随身として、自らを暗示したものと考える。

向かって右側の像は「明智光秀」とされ、左は「明智秀満」といわれている。袴のすねのあたりには、確かに土岐明智家の家紋・裏桔梗紋が付いている。

本来ならば、守護神は徳川四天王の酒井忠次か、井伊直政、あるいは榊原康政・本多忠勝から選ぶべきであるが、それ以上に、平和国家再興を理念とする天海（光秀）と家康の契りは固いものであったと推考する。

家康と光秀の世界観を立証する現象が日光東照宮に見られる

日光東照宮の各建造物に彫り物が見えるが、全彫刻数はなんと五千百七十三という。その中でも、突出して多いのは「貘《ばく》の像」である。

貘は架空の動物であるが平和の象徴とされており、『白氏文集《はくしもんじゅう》』には、以下の通り記述がある。

『白氏文集』
曰貘非銕不食

貘は鉄だけを食べる架空の動物とされ、戦に使用する武器の材料は鉄であることから、貘は鉄を食べることから、戦争の無い時代への救世主とされている。従って、平和の象徴であり、光秀こと天海は、家康と共に戦の無い平和国家を目指したことから、天海（光秀）

によって、総数七十八頭の獏の像が本殿中心に彫り込まれている。

日光山の最高権力者（貫主）である光秀こと天海大僧正は、さまざまな暗示によって家康との世界観を立証している。

世界に類の無い平和国家の礎《いしずえ》を築いた天海（光秀）と家康

光秀が本能寺において「信長討ち」を決意したのは、天下を握るためではない。

これまでにもさまざまな角度から述べてきたが、光秀が謀叛を決意したのは、事変の直前におこなった家康との密談にあるといえよう。

織田信長が犯した残虐な殺戮や争いごとを一日も早く止めさせるため、先鞭《せんべん》を切ったのが光秀であり、平和国家を構築すべく家康に託したものと推察する。

「信長討ち」を果たした光秀は羽柴秀吉に敗れはするが、天海と名乗り、家康を隠れ蓑《みの》として生き続けることになる。

光秀は伝承や史跡が示すように、天海僧正と名を変え、家康と共に、着実に天下統一の足固めをしたものと推考する。

天正十一年四月、秀吉は織田家一門の柴田勝家と賤ヶ岳で一戦を交えて勝利するが、翌年三月より十一月にかけて始まった小牧長久手の戦いで家康に大敗している。その結果、秀吉は東国の施政権を家康に譲ることになり、国家権力を掌握したとはいえないのである。

秀吉の西国政権は徳川政権に移行するまでの助走期間に過ぎず、僅か十数年の短命政権に終始したといってよい。

今日の歴史家たちは、資料を重視して過去形で論述するが、当時の織田家一門の内情を知る光秀は、信長討ちの本懐を遂げた後、秀吉に負けはするが、そのことを想定していたものと筆者は考えている。

慶長八年（1603）、家康は征夷大将軍に任官されると江戸に幕府を成立する。天海（光秀）は比叡山天台宗の僧侶として、東国である江戸に東叡山寛永寺を創設し、江戸城の鬼門を護ったのである。

光秀の家老であった斉藤利三の娘・福は、家光を養育し、三代将軍に就かせるなど、春日局となって天海（光秀）と共に江戸幕府中枢の権力の一翼を担うことになる。

天海（光秀）は、家康の亡き後「東照大権現」として祀り、家康の理念を幕府に注ぎ込んだことから、戦のない泰平の世を二百六十四年もの長きに渡り構築することになる。

倒幕によって明治維新となるが、それ以後、絶え間ない戦争が昭和二十年まで続き、現在の日本は、世界に誇る平和大国となってはいるが、平和国家となって僅《わず》か七十数年でしかない。福沢諭吉は、戦国の世に終止符を打った家康に対して、「世界古今絶倫無比の英雄」としている。さすが知識人・福沢諭吉には驚かされるが、その陰には天海がいたことを忘れてはならない。

三　光秀の故地・坂本の風景を江戸の町に反映させた天海

天海は寛永寺の一角「不忍池」に近江坂本を見立てる

昔も今も、人間の奥底に宿る郷愁《きょうしゅう》というものは何ら変わるものではないが、蒲生氏郷が伊勢松坂から会津に移封《いほう》となった際、故地である近江国蒲生郡日野の若松を望郷し、「会津若松」と名付けでいるが、天海＝光秀も坂本城下を望郷し、江戸上野寛永寺周囲を設計している。

高低差はあるが、不忍池より上の山の寛永寺を見て、比叡山の延暦寺を想起したとしても不思議ではない。「不忍池」を近江の琵琶湖に見立て、弁天堂を置くことで、近江の竹生島弁天堂《ちくぶしまべんてんどう》を彷彿させている。まさに天海こそ、光秀の成り代わりであることを証明している。

日光東照宮入口に建つ天海上人銅像
(群馬郷土史研究所提供)

終章

「本能寺の変」に関連する人物のゆかり地

■群馬県

太田市尾島町

○天海僧正は、世良田東照宮に日光東照宮の旧社殿を移築して創建する旨の発願をしている。

○寛永二十一年（１６４４）、三代将軍・徳川家光は、遠祖である世良田義季《せらだよしすえ》の墓の在る長楽寺の住持に、明智光秀の成り代わりとされる天海僧正を就けている。天海は臨済宗を天台宗に改宗する。

■栃木県

日光市

○天海は日光山光明院跡地に在る輪王寺の貫主に就く。

○日光山のいろは坂峠を「明智平」と命名。

○日光東照宮は天海が貫主を務める。陽明門《ようめいもん》と鐘楼には、明智光秀と同じ桔梗紋が見える。

○東照宮陽明門（正門）右に明智光秀、左に明智秀満（光秀の娘婿）の随身像（武者像）が在る。

○輪王寺境内には、天海の慈眼堂と巨大な墓が存在する。

■埼玉県

秩父市

○家康が東照宮を手本として、造営を命じた秩父神社には、武士と僧侶の二体の像がある。この両者には、桔梗の紋がついており、僧侶は天海であり、武士は明智光秀といわれる。

川越市

○慶長十七年（1612）川越喜多院の山門は、明智光秀の本拠・坂本の宮大工が建築している。山門の前には、天海の銅像が建造されている。

○慶長四年（1599）天海は喜多院第二十七世住　持として入寺する。

○喜多院内には、光秀の家老・斉藤利三の娘である　春日局化粧の間が在る。

喜多院山門前の天海上人銅像
（群馬郷土史研究所提供）

○喜多院内慈眼堂は慈眼大師天海を祀る木像が安置されている。

■茨城県

江戸崎町

○上杉氏の江戸崎代官に土岐氏が就いたことから、傍流である光秀こと天海は、江戸崎不動院の住持となる。

■千葉県

市原市

○上総国（現・千葉県市原市不入斗）に、光秀の側室と子供が家臣の斉藤利治に伴われ落ち延びたといい、墓が伝承されている。

喜多院慈眼堂
（群馬郷土史研究所提供）

■**東京都**

文京区

○湯島の天澤山麟祥院《あまさわやまりんしょういん》に春日局（斉藤福）の墓が存在する。

台東区

○寛永二年（１６２５）、天台宗寛永寺は、天海僧正が第一世住持として、かつて籠った比叡山延暦寺を真似ている。

○天海僧正毛髪塔が上野公園内に在る。

■**神奈川県**

小田原市

○紹太寺《しょうたいじ》に春日局（斉藤福）の墓が存在する。

■**福井県**

福井市

○明智光秀は、越前一乗谷の朝倉義景の舘に客人として迎えられ、五百貫の地を与えられる。ここで足利義昭に随行の細川藤孝と初対面となる。
○大手道筋の東大味《ひがしおおみ》に光秀の屋敷跡が在り、現在は明智神社が存在する。
坂井市
○光秀が朝倉義景に仕える以前、越前長崎（現・坂井市丸岡町長崎）の称念寺《しょうねんじ》門前に居住している。ちなみに、称念寺には新田義貞《にったよしさだ》の墓所が存在する。

■岐阜県

揖斐川町
○斎藤家三代利三・初代利安・二代利賢の墓が在る。
○春日局の出生地碑（春日局公園）が在る。
可児市
○明智光秀は美濃源氏・明智家の長男として美濃国可児郡の明智城に生れる。十一歳で城主となり、二十九歳の落城するまで当地で過ごす。
○光秀は、長山城を所領としたと伝わる。
○長山城の北にあたる天龍寺に、光秀の位牌や明智氏歴代の墓が在る。

恵那市
○明智城跡に光秀の産湯を汲んだ井戸と幼少期に学んだとされる学問所が在ったと伝わる。
山県市
○白山神社境内に、光秀の母が水をくんだという産湯の井戸跡が存在。
土岐市
○妻木城は光秀の妻・妻木熙子《ひろこ》の実家。
○永禄十一年（1568）、明智光秀と細川藤孝は西荘立政寺《にしのしょうりゅうしょうじ》にて、織田信長と足利義昭を引き合わせている。
関ヶ原町
○天海は関ヶ原の合戦に参戦し、徳川家康の本陣に居たとされる屏風絵が存在する。

■愛知県

名古屋市
○天海が名古屋城下で病に伏した際、徳川家光は江戸より医者を向かわせている。

■三重県

鈴鹿市

○家康主従は伊賀越えの後、白子で船に乗り岡崎へと向かう。

■京都府

京都市

○中京区小川通元本能寺町に、信長が宿所とした本能寺跡の碑が在る。

○山崎の合戦で敗れた明智軍の参謀・斉藤利三は、近江の堅田で捕捉され、京都六条河原で斬首されている。（『兼見卿記』『言継卿記《ときつぐきょうき》』）

○金戒光明寺《こんかいこうみゅうじ》に春日局（斉藤福）の墓が存在する。

○天正十年（1582）五月二十七日、明智光秀は右京区の愛宕山に登る。山頂には愛宕神社が在り、勝軍地蔵は軍神として武将たちの信仰を集めている。

「本能寺の変」直前、愛宕山に一泊した光秀は、西坊威徳院《にしのぼういとくいん》で連歌会を催す。

（注記）連歌は『明智光秀張行百韻』として記録に残る。

○天正十年（1582）、光秀が母の菩提を弔うため、大徳寺に黄金を寄進し、建立した唐門を、後に南禅寺塔頭金地院《なんぜんじとうとうこんちいん》に移築。
○元亀二年（1571）、光秀は京都代官に就いている。「天下所司代」とも称された。将軍・足利義昭が信長に追放された天正元年まで任じている。
○光秀は摂津の三好勢と戦っていたが、光秀は近江を望む勝軍山《しょうぐんやま》城に布陣する。
○周山城跡近くの慈眼寺に明智光秀の木像と位牌が在る。当寺の寺号と天海の諡号が同じである。
○左京区真正極楽寺《しんせいごくらくじ》に斉藤利三の墓が在る。
○天正十年（1582）六月九日、明智光秀は吉田兼和（兼見）と接見。長岡父子に軍勢を出すよう書状を認める。吉田兼見は吉田神社の神官を努め、天正四年（1576）に、光秀は妻の病気祈願をしている。

大山崎町

○天正十年（1582）六月十三日、明智光秀と羽柴秀吉の軍勢は、摂津国と山城国の境に在る山崎で戦う。

長岡京市

○明智光秀の娘・玉（ガラシャ）は、細川忠興に嫁ぎ、勝竜寺城を居城とした。

○明智軍は山崎の合戦で敗れ、勝竜寺城に退くことになり、明智軍の本陣とした。

丹波市

○天正五年（1577）十月、明智光秀は長岡藤孝・忠興父子の支援を得て黒井城を攻める。

○天正六年（1578）八月九日、明智光秀の軍勢は黒井城を攻略する。

○光秀は丹波制圧に成功し、重臣の斎藤利三に一万石を与え、黒井城主として氷上郡統治にあたらせる。

○斉藤福（春日局）は黒井城下興禅寺《こうぜんじ》で生れる。

宮津市

○光秀の娘・ガラシャが蟄居した地にある盛林寺に光秀の首塚が存在する。

○天正九年（1581）四月、光秀は細川三斎《さんさい》（忠興）の初茶会後、細川幽斎《ゆうさい》（藤孝）と舟で天橋立の見物に訪れている。

亀岡市

○明智軍の進攻で丹波国分寺を焼失。そのときの山門が亀山城雷門とされる。

○丹波国を手中に収めた明智光秀は、天正八年（1580）に亀山城主となる。

○明智光秀は、天正十年（1582）五月二十六日に坂本城を出陣し、丹羽亀山城に向かっている。（『信長公記』）

○天正十年（１５８２）六月一日、亀山城を出陣した明智軍一万三千は、本能寺へ向けて進軍。

○天正十年（１５８２）春頃は、お福は父・利三と丹羽亀山城に居たとされる。

○宮前町の谷性寺（光秀寺）には、明智光秀の首塚が存在。

○篠村八幡宮は、足利尊氏《たかうじ》が鎌倉幕府討幕挙兵の地であるが、光秀はここに「信長討ち」のため集結する。

○「本能寺の変」で京都右京区水尾に至る道を明智越えという。

木津川市（旧山城町）

○光秀の子息「於《お》づる丸《まる》」は山城に隠れたとされている。

京北町

○周山に在る古刹・慈眼寺の釈迦堂に、光秀の位牌と木像が安置されている。因に、天海は慈眼大師と称す。周山はかつて明智光秀が居城を構えた地である。

福知山市

○光秀は、西国攻略の拠点とするため、横山城を整備し福知山城と名を改め、数年間居城としている。

○御霊神社は明智光秀を祀った由来と木像が在る。六月十三日、光秀公正辰祭《せいしんさい》が主催。御霊神社三百年企画展が八月六日より八月三十一日に実地。

京丹後市

○明智光秀の娘・玉（ガラシャ）は、細川忠興に嫁いでいることから、「本能寺の変」以後、忠興は玉を味土野（現・京丹後市弥栄町）へ隠棲させている。

■和歌山県

高野町

○高野山奥之院には明智光秀の墓が存在する。

■大坂府

大阪市

○大坂城博物館には天海所用の甲冑が所蔵されている。

堺市

○徳川家康は本能寺の変の起きた六月二日、穴山梅雪らと泉州堺にいた。

枚方市

○「本能寺の変」後の六月十日、明智光秀は河内との境界の洞ヶ峠に出陣する。（『蓮成院《れんじょういん》記録』）

岸和田市

○本徳寺に残る明智光秀の位牌裏には、「当寺開基慶長四巳亥」とあることから、慶長四年（1599）の時期、光秀は生存していたことになる。

○本徳寺を開基した南国梵桂は、明智光秀の長男・光慶《みつよし》と言われる。

○本徳寺に所蔵される光秀の肖像画の讃の一文には、「放下般舟三昧去」とあり、読み下すならば、「光秀が亡命して来て隠棲し、仏の修行三昧をしていたが、今はここを去って行った」ということになる。

■滋賀県

大津市

○元亀二年（1571）、織田信長の命により、明智光秀は比叡山焼き討ち後、琵琶湖南西（現・大津市下坂本）に坂本城を築城する。
○森可成が亡くなった後、光秀が宇佐山《うさやま》城に入城する。
○信長の比叡山焼き討ちにより、光秀は僧侶を救済するため、庵室を結んだとされる。
○光秀は天正十年（1582）五月十七日に安土で家康と密談。その後、坂本へ帰還し、九日間滞在している。
○天正十年（1582）六月十五日、坂本城落城。明智秀満は自害する。
○坂本盛安寺に、光秀が贈ったとする陣太鼓が存在。
○坂本に西教寺がある。この寺の総門は明智光秀が寄進している。境内には、光秀と妻・熙子や一族の墓が在る。
○光秀ゆかりの坂本に、天海は日吉東照宮を創建しており、天海＝光秀を揺ぎ無いものとしている。
○明智光秀の居城跡に、光秀の愛刀を埋めたとも伝わる供養塚（明智塚）が存在する。
○明智光秀の「本能寺の変」から三十三年過ぎた元和元年（1615）、光秀の成替わりとなった天海僧正は、延暦寺の本坊・滋賀院を開基する。
○落延びた斉藤利三は、堅田で捕らえられ京都の六条河原で処刑される。

○天海が修行した比叡山東塔・南光院には、碑が建立されている。
正面には「慈眼大師天海大僧正住坊址」側面には「天海大僧正三百五十回忌法要記念」
○志賀郡一向一揆と戦った明智軍の死者十八名は西教寺に葬られている。
○天海の廟所・慈眼堂が光秀の故地坂本に存在する。
○廃寺長寿院近くの不動堂の庭には、明智光秀の寄進した石燈籠が存在する。裏面には、「奉寄進　願主光秀　慶長二十年二月十七日」と刻まれており、生存説を裏付けるものである。山崎の合戦から三十三年目のことであり、この年の二月頃は、家康によって大坂城の堀が埋め立てられ完了した時期であり、豊臣政権の末期に光秀は生きていたことになる。

（注記）横河にある比叡山文庫の資料『横河堂舎並各坊世譜』の長寿院の項には、明智光秀が修行した足跡が残っており、光秀が生存していたことを裏付けている。ちなみに、長寿院の二代目の住持の法名は「是春法印」というが、俗名は「光秀」である。

多賀町

○天正十年（1582）六月六日、光秀は近江の多賀神社に兵卒の乱暴狼藉《ろうぜき》や陣取り放火などを禁ずる禁制を掲げた。

安土町

○安土城山腹に光秀の屋敷跡が存在。

○天正十年（1582）五月十一日、光秀は、安土城内密室において、信長より「家康討ち」を命ぜられる。

○天正十年（1582）五月十四日、明智光秀は家康の饗応役を命ぜられる。（『兼見卿記』）

○家康は同年五月十五日に安土に入城する。十七日、光秀は家康と密談する。

○明智軍は安土城を攻略する。

○天正十年（1582）六月十四日、明智秀満が安土城を撤収すると、家康の重臣・服部正成の率いる伊賀者によって安土城に火を放つ。

■**兵庫県**

丹波市春日町

○天正七年（1579）、明智光秀の重臣・斉藤利三は黒井城主となる。

○利三の娘・斎藤福は黒井城内で生れた。

朝来市

○明智光秀は竹田城の山名氏を攻める。

豊岡市

○光秀は山名氏との対立を深め、織田方の居城である但馬出石城《たじまいずし》へ救援に向かう。

篠山市

○光秀は長岡藤孝とともに、天正五年（1577）十月末に丹波籾井城《たんばもみい》を攻めている。

○光秀は八上城を陥落させると、地域住民に被害をもたらさないよう厳命している。

加古川市

○天正六年（1578）六月二十三日、明智軍は毛利氏の籠る神吉城《かんき》を攻略、七月には志《し》方《かた》城を陥落させている。

「本能寺の変」関連年表

享禄元年（1528）三月十日、明智光秀生まれる。

天文三年（1534）斉藤利三誕生。

永禄四年（1561）一月、織田信長と徳川家康は清州同盟を結ぶ。

永禄六年（1563）長宗我部元親は、石谷頼辰の妹を娶る。明智光秀は頼辰を通して元親と親しくなる。

永禄八年（1565）五月、足利義輝殺害される。

永禄十一年（1568）九月、藤孝の肝煎りで光秀は信長に仕える。

十月、義栄が阿波で病没。足利義昭、将軍宣下する。

元亀元年（1570）十二月、森可成にかわって宇佐山城主となる。

元亀二年（1571）九月、比叡山を焼き討ちし、僧侶四千人を討つ。

元亀三年（1572）光秀、近江坂本城を築く。

織田・徳川連合軍は、三方ケ原で武田軍に敗れる。

天正元年（1573）明智光秀は将軍足利義昭と織田信長両者に仕えていたが、信長家臣の立場をとる。

天正二年（1574）八月、信長は長島一向一揆を亡ぼす。

天正三年（1575）信長は明智光秀の仲介により、長宗我部元親との付き合いが始まる。

五月、織田・徳川の軍は、長篠・設楽ケ原の決戦で武田勝頼の軍勢を負かす。
七月、光秀は日向守に任官。以後、惟任日向守光秀と名乗る。
八月、越前一向一揆が起きる。
十一月二十八日、織田家家督は信忠に譲られる。

天正四年（1576）光秀は、丹波攻めの拠点・亀山城を着工。

天正五年（1577）十月一日、光秀ら織田軍は、松永方の大和片岡城（現・奈良県上牧町）に攻め寄せる。

天正六年（1578）四月、明智家家老・松井康之、播磨攻めの秀吉に加勢する。
五月、明智光秀、秀吉の援軍として播磨参陣する。（『信長公記』）
八月、光秀の娘・「玉」が藤孝の嫡男・忠興に嫁ぐ。

天正七年（1579）二月、明智軍は丹羽亀山に出陣。安土城天守完成。
八月、明智軍は丹羽黒井城を攻略する。（『元親記』）
九月、家康の嫡男・信康、信長の命で切腹させられる。家康の正妻・築山殿も謀反の嫌疑をかけられ処刑される。
十月、光秀は丹羽・丹後平定。丹波一国を支配する。

天正八年（1580）四月、顕如は信長に石山本願寺を明け渡す。
六月、長宗我部元親は光秀の取次で信長に鷹と砂糖を献上。（『信長公記』）

八月十日、信長の重臣・佐久間信盛父子、林秀貞、安藤守就らを追放。

同月十七日、次々と老臣たちを追放する。

十一月、筒井順慶に信長は大和国一国を与える。

天正九年（1581）

信長は、長宗我部元親との同盟関係を破棄する。

六月、明智軍法を制定する。

八月十七日、信長は、安土城下外及び、京都七条河原、伊勢雲出川の三ケ所で、高野聖千二百八十三人を処刑している。

九月、信長は伊賀攻めを断行。家康は逃亡者を匿う。

十月、松井康之は秀吉の鳥取城攻めを加勢する。これに対し秀吉より褒美を得る。

天正十年（1582）

三月十一日、織田・徳川連合軍に追い詰められ、天目山で武田勝頼自害する。（『信長公記』）
四月二日、信長は諏訪を発し、家康領を視察して安土への帰路に着く。（『信長公記』）
四月二十一日、信長は安土に帰城する。（『信長公記』）
五月七日、信長は、織田信孝に四国仕置きの朱印状を与える。
五月十一日、織田信孝、長宗我部征伐のため大坂住吉に着陣。（『信長公記』）
同日、信長と光秀が安土城にて密談。その席で信長は「家康討ち」を命じる。

光秀は四国の長宗我部攻めを止めるよう迫るが、信長は拒否する。光秀の家老・斉藤利三は、信長への謀叛を決意。

五月十四日、細川藤孝・忠興父子は京都の兼見邸を出て安土へ向かう。

同日、徳川家康と穴山梅雪は近江の番場に到着。

同日、明智光秀は徳川家康の饗応役を命ぜられる。(『兼見卿記』)

五月十五日、徳川家康は浜松を離れ、安土に入城する。

五月十七日、信長は光秀の饗応役を解く。

同日、家康と光秀は、信長への謀叛について密談。(『兼見卿記』)(『晴豊記』)

同日、光秀は坂本城へ帰還する。

五月十八日、光秀は長岡藤孝、家老・松井康之と「信長討ち」について協議。

五月廿一日、徳川家康・梅雪は織田信忠に伴われて安土城を発ち、京都へ向かう。

このとき、世話役として信長の側近・長谷川秀一と信忠が同行する。

五月二十六日、光秀が亀山城に入る。

五月二十八日、光秀は連歌会の「愛宕百韻」を催す。

五月二十九日、家康は堺へ下る。信忠は京都に残り、長谷川は同行している。(『宇野主水日記』)

五月二十九日、織田信長は安土を発ち、京都本能寺に入寺する。(『信長公記』)

五月二十九日、四国征伐を信長より命じられた信孝は、攝津住吉に着陣する。（『宇野主水日記』）
六月一日、家康は堺で今井宗久と接見、天王寺屋で津田宗及に茶の接待を受ける。夜は堺奉行・松井友閑邸で茶の湯の饗応を受けている。（『宇野主水日記』『津田宗及茶会日記自会記』）
同日、秀吉がつけた杉原家次が家康一行に随行。（『宇野主水日記』）
同日、家康は、茶屋四郎次郎を京都に派遣させる。
同日、信長討ちを決意した光秀は、亀山城を出陣。
六月二日、光秀（五十四歳）は本能寺に於いて信長を襲殺。
同日、二条新御所に織田信忠を討つ。明智軍総大将は斉藤利三である。
同日、家康が織田信忠に付けた水野忠重は、二条御所を脱出する。（『家忠日記』）
同日、筒井順慶は大和郡山に戻る。
同日、細川忠興は上洛せずに丹後宮津に留まる。
同日、秀吉が家康に付けた杉原家次は堺を離れる。
六月三日、織田軍は四国討伐へ渡海する予定となっていた。
六月三日、明智光秀より上杉景勝に披露して欲しい旨の書簡が、急使によって届けられ、上杉方家臣・須田満親を通して、河隅越中守より六月三日付の書簡が直江与六宛に発給されている。

六月三日、家康に付けられた秀吉の家臣・杉原家次は備中高松に赴き「本能寺の変」による信長の死を注進する。

同日、秀吉は毛利方と和睦する。（『唯任退治記』）

六月四日、家康、三河岡崎城に帰着。

同日、穴山梅雪切腹させられる。（『家忠日記』）

同日、明智軍は近江を制圧する。（『兼見卿記』）

六月四日、筒井順慶は光秀の求めに応じて、京都に援軍を派遣する。

六月五日、光秀は安土城へ入る。

同日、徳川家康は、甲斐の織田領を攻略。

六月六日、秀吉は弟・秀長の部下である杉藤七より、長岡藤孝の家老・松井康之に書状を送り、毛利氏との和睦をした旨を伝え、九日に姫路を出陣するとして軍勢要請をしている。（『松井家所載文書』）

同日、光秀は上洛し吉田兼和邸で接見。長岡藤孝父子に書状を認める。

十日、明智軍は鳥羽から南方へ移動している。（『兼見卿記』）

六月十三日、光秀、山﨑の合戦で秀吉に敗れる。

六月十四日、明智秀満が安土城を撤収。家康の重臣・服部正成の率いる伊賀者によって安土城に火を放す。

六月十五日、坂本城が堀秀政に攻められ落城。光秀の妻子・一族が自害する。

六月十七日、斎藤利三、堅田で捕まり京都で打首となる。

慶長四年（1599）天海、喜多院の住持に就く。

慶長五年（1600）関ヶ原の合戦で豊臣方敗れ、徳川方の大勝利となる。

慶長九年（1604）七月、家光誕生。福が乳母となる。

慶長十年（1605）秀忠・将軍宣下。

慶長十八年（1613）天海は日光山貫主を拝命。

慶長二十年（1615）二月十七日、禅林院の境内と仏殿の右後方に、廃寺となった長寿院跡の「不動堂」庭に、明智光秀が寄進した石燈籠が存在する。『奉寄進　願主光秀　慶長二〇年二月十七日』と刻まれている。

元和二年（1616）家康没する享年七十五歳。天海大僧正となる。

元和三年（1617）日光東照宮建立。

元和九年（1623）七月二十七日、家光・将軍任官。

寛永二年（1625）天海、東叡山寛永寺を建てる。

寛永九年（1632）正月二十四日、秀忠が没す。

寛永十一年（1634）七月、江戸城西の丸が全焼する。

寛永二十年（1643）九月十四日、春日局亡くなる。
十月二日、上野寛永寺の天海（光秀）病没。

参考文献

『織豊政権と東国社会』（竹井英文著・吉川弘文館・２０１２年発行）
『本能寺の変はなぜ起こったか』（津本陽著・角川書店・２００７年発行）
『検証・本能寺の変』（谷口克広著・吉川弘文館・２００７年発行）
『本能寺の変と明智光秀』（洋泉社編集部・２０１６年発行）
『歴史街道』（八月号・ＰＨＰ編・２００５年発行）
『明智光秀公の故郷・明智城』（可児市商工観光課編発行）
『明智光秀、つくられた謀叛人』（小和田哲男著・PHP 研究所・１９９８年発行）
『愛宕百韻に隠された光秀の暗号』（津田勇著・歴史群像四月号・１９９５年発行）
『歴史読本』（七月号・新人物往来社編・１９９９年発行）
『清須会議、秀吉天下取り』（戒光祥出版・２０１８年発行）
『信長革命』（藤田達生著・角川書店・２０１０年発行）
『本能寺の死変の原因』（幸田成友著・反省雑誌・１８９８年発行）
『信長の時代と其性格』（大町桂月著・隆文堂書店・１９１１年発行）
『本能寺の変・四百二十七年目の真実』（明智憲三郎著・プレジデント社・２００９年発行）
『荒木村重』（天野忠幸著・戒光祥出版・２０１７年発行）

『織田信長と狩野秀頼』（首藤義之著・福住明子・琵琶湖そよ風出版・２０１２年発行）
『本能寺と天下人の五十年戦争』（武田鏡村著・学研・２０１１年発行）
『近世日本国民史・織田氏時代』（徳富蘇峰著・民友社・１９１９年発行）
『信長と将軍義昭』（谷口克広著・中央公論新社・２０１４年発行）
『本能寺の変に就いて』（小酒井儀三著・１９２０年発行）
『信長公記』（太田牛一著・新人物往来社・１９９７年発行）
『織田時代史』（田中義成著・明治書院・１９２４年発行）
『福井県史』（資料編三中近世・福井県編・１９８２年発行）
『十六・七世紀イエズス会日本報告集』（第三期第六巻・同期会編・１９９１年発行）
『信長記』（小瀬甫庵著・現代思潮社・１９８１年発行）
『豊臣秀吉書状集』（名古屋市博物館編・吉川弘文館・２０１５年発行）
『安土桃山時代史』（渡辺世祐著・早稲田大学出版部・１９２６年発行）
『史談・家康の周囲』（山岡荘八著・光文社・１９７８年発行）
『言継卿記』（高橋隆三著・続群書類従完成会・１９６６年発行）
『本能寺の変について』（小幡豊信著・歴史教育・１９２８年発行）
『家忠日記』（編竹内理三・臨川書店・１９８１年発行）
『織田信長と明智光秀』（歴史公論・１９３６年発行）

『信長公の性格と本能寺の変』（大槻厚明著・一誠社・1931年発行）
『織田豊臣時代史』（牧野信之助著・日本文学社・1935年発行）
『明智光秀』（高柳光壽著・吉川弘文館・1958年発行）
『兼見卿記』（斎木一馬著・続群書類従完成会・1971年発行）
『小心な叛逆者光秀の悲劇』（歴史読本一月号・1960年発行）
『川角太閤記』（志村有弘著・勉誠社・1996年発行）
『織田信長』（桑田忠親著・角川書店・1964年発行）
『明智軍記』（監修二木謙一・新人物往来社・1995年発行）
『明智光秀』（新人物往来社・1973年発行）
『家康の臣僚』（武将編・中村孝也著・人物往来社・1968年発行）
『戦国武将悪人十傑』（原田伴彦著・歴史と旅八月号・1975年発行）
『松平家忠日記』（盛本昌広著・角川書店・1999年発行）
『謀叛者光秀の誤算・本能寺の変』（岡本良一著・歴史と人物八月号・1981年発行）
『人間徳川家康』（監修山本七平・プレジデント・1982年発行）
『徳川家康の人間学』（長沼博明著・新人物往来社・1974年発行）
『光秀行状記』（明智瀧朗著・中部経済新聞社・1966年発行）
『回想の織田信長』（松田毅一著・中央公論社・1973年発行）

『本城卯惣右衛門覚書』（編木村三四吾・1976年発行）
『織田政権の研究』（染谷光廣著・吉川弘文館・1986年発行）
『信長政権』（渡邊大門著・河出書房新社・2013年発行）
『本能寺の変の群像』（藤田達生著・雄山閣・2001年発行）
『真説・本能寺』（桐野作人著・学研・2001年発行）
『真説・本能寺の変』（上田滋著・PHP 研究所・2012年発行）
『生きていた光秀』（井上慶雪著・詳伝社・2018年発行）
『完訳・フロイス日本史』（ルイスフロイス著・川崎桃太訳・中央公論社・2000年発行）
『美濃土岐一族』（谷口研語著・新人物往来社・1997年発行）
『長宗我部元親のすべて』（山本大著・新人物往来社・1989年発行）
『天下人信長とその挫折』（脇田修著・中央公論社・1987年発行）
『天海・崇伝』（圭室文雄著・吉田弘文館・2004年発行）
『日光東照宮の謎』（高藤晴俊著・講談社・1996年発行）
『春日局のすべて』（稲垣史生著・新人物往来社・1988年発行）
『春日局五十八話』（祖田浩二著・鈴木出版・1989年発行）
『天下一統』（朝尾直弘著・小学館・1988年発行）
『天正記』（著大村由己・新人物往来社・1965年発行）

『元親記』（泉淳著・勉誠社・１９９４年発行）
『秀吉神話をくつがえす』（藤田達生著・講談社・２００７年発行）
『織田信長事典』（粟野俊之著・新人物往来社・１９８９年発行）
『松井康之伝』（富島保次郎著・１９９７年発行）
『安国寺恵瓊』（河合正治著・吉川弘文館・１９５９年発行）
『本能寺の変・未明のクーデター』高橋記比古著・新人物往来社・１９８９年発行）
『筒井順慶とその一族』（藪景三著・新人物往来社・１９８５年発行）
『長宗我部地検帳にみる上方の人々』（朝倉慶景著・朝倉書店・１９７９年発行）
『戦国時代の貴族』（今谷明著・講談社・２００２年発行）
『信長軍の司令官』（谷口克広著・中央公論新社・２００５年発行）
『松井佐渡守康之・松井佐渡守興長』（蓑田田鶴男著・松井神社・１９６１年発行）
『激震織田信長』（編新井邦弘・学研・２００１年発行）
『織田信長合戦全録』（谷口克広著・中央公論社・２００２年発行）
『信長の戦国軍事学』（藤本正行著・宝島社・１９９３年発行）
『織田信長と高山右近』（津山千恵著・三一書房・１９９２年発行）
『信長は謀略で殺されたのか』（鈴木眞哉著・藤本正行・洋泉社・２００６年発行）
『謎とき本能寺の変』（藤田達生著・講談社・２００３年発行）

『織田信長と美濃・尾張』（織田信長展実行委員会・2012年発行）
『織田政権の研究・本能寺の変拾遺』（吉川弘文館・1986年発行）
『本能寺の変の歴史的背景』（藤田達生著・年報中世史研究・1996年発行）
『俊英明智光秀』（編佐藤香澄・学研・2002年発行）
『神になろうとした男・織田信長の秘密』（二木謙一著・ベストセラーズ・1991年発行）
『インテリ武将の謀叛』（編歴史読本六月号・1967年発行）
『本能寺の変をめぐる最近の研究動向』（谷口克広著・歴史評論・2002年発行）
『織田信長論』（越後地方史の研究・図書刊行会・1975年発行）
『図説・明智光秀』（柴裕之著・戎光祥出版・2019年発行）
『松井家三代』（編八代市立博物館未来の森ミュージアム・1995年発行）
『勝龍寺城は語る』編長岡京教員委員会・
『信長君主論』（関厚夫著・さくに舎・2018年発行）
『春日局』（福田千鶴著・ミネルヴァ書房・2017年発行）
『織田信長の尾張時代』（横山住雄著・戎光祥出版・2012年発行）
『明智光秀』（編洋泉社・2019年発行）
『明智光秀の真実』（跡部蛮著・ビジネス社・2019年発行）

著者プロフィール

大野富次（おおのとみじ）

歴史研究者、歴史作家。

1945年、群馬県沼田市に生まれる。群馬銀行勤務を経て実用書・医学書の販売会社を経営。

奈良大学通信教育部文化財歴史学科を受講。前橋市文化政策懇話会委員。福井県越前大野市大野屋文化事業に協力。千葉県銚子市市民ミュージカルに協力。前橋市文化振興条例審議。『群馬郷土史研究所紀要』監修・編集・発刊。

連載に『えにしで結ばれた郷土史』（産経新聞）、『小説・杢左衛門の死』（大衆日報）。雑誌に『NHKと司馬財団・坂の上の雲放送に見る密接な関係』『現在の年金制度を止めよ』『セシウム新基準直前の駆け込み』（週刊金曜日）。

機関誌に『沼田氏の研究』『青山氏の研究』『上泉信綱』『上野伊達家の一考察』（群馬風土記）、『上野国と琉球王朝のえにし』『薩摩の日秀上人』（歴史散歩の会）他。

著者に『文化勲章の背信』（新風社）、『「花燃ゆ」が百倍楽しくなる・杉文と楫取素彦の生涯』（宝島社）、『松陰の妹二人を愛した名県令・楫取素彦』（日刊工業新聞社）、『剣豪・上泉信綱の魅力』（新人物往来社）、『真田幸村五十の謎』（KADOKAWA）、『真説・龍馬暗殺・その後』『塩原太助・その実像と真実』（叢文社）、『龍馬を殺した男・西郷隆盛』（宮帯出版社）、『萩原朔太郎の横恋慕』（あけび書房）等多数。

明智光秀《あけちみつひで》は天海上人《てんかいしょうにん》だった！　**「本能寺《ほんのうじ》の変《へん》」後《ご》の驚愕《きょうがく》の真実《しんじつ》**

2019年12月1日　初版第1刷発行

著　者　大野富次

発行者　鎌田順雄

発行所　知道出版

〒101-0051 東京都千代田区神田神保町1-7-3 三光堂ビル4F

TEL 03-5282-3185　FAX 03-5282-3186

http://www.chido.co.jp

印　刷　モリモト印刷

ISBN978-4-88664-328-5